Faszination Sri Lanka

edition
innsalz

Faszination Sri Lanka

Herausgeber:	Christine Peinsteiner, Asoka Uhanovita
Text:	Christine Peinsteiner
Fotos:	Christine Peinsteiner, Harsha Sadaruwan Bandara, Annette Lipski, Barbara Ewald, Asoka und Padmi Uhanovita
© 2010	Christine Peinsteiner
	A-5351 St. Wolfgang im Salzkammergut, Wirling 2
	ISBN 978-3-902616-32-6
	2. Auflage 2011

www.lanka.at
Informationen für alle, die einen Urlaub auf Sri Lanka planen

Inhaltsverzeichnis

Erster Besuch 7
JVP 9
Beginn der Rundreise 12
Colombo 13
Polonaruwa 18
Parakramabahu 19
Auf nach Anuradhapura 23
Vihara Mahadevi und ihr Sohn Dutugamunu 25
Höhepunkt der Rundreise 29
König Kasiyapa I. 31
Handleser 33
Kandy 37
Der erste und der letzte singhalesische König 40
Zahntempel 41
Kandy Perahera 43
Auf ins Hochland 44
Rawana und Sita 45
Nuwara Eliya 46
Ceylon Tee 47
Rathnapura – die Stadt der Edelsteine 52
Edelsteine 53
Reis 59
Auf zum Strand 61
Die Kokospalme 64
Mount Lavinia 67
Besuch bei einer ceylonesischen Familie 71
Essen und trinken 76
Landwirtschaft 80
Kiri Penni 81
Gummibaum 86
Kolonialherren 87
Bentota 91
Heiratsanbahnung 94
Hochzeit 99
Horoskop 103
Asoka 105
Padmi 109

Asokas Vater	111
Asokas Arbeit	114
Sirijana	115
Waisenheime	117
Tourismus	118
Regenzeit – Trockenzeit – Reisezeit	123
Neujahr	125
Sri Pada, der Adams Peak	129
Glaubensvielfalt	131
Buddhismus	134
Buddhistische Kraftplätze	137
Vollmond	141
Leben und Sterben im Namen Buddhas	143
Tempelbesuch	147
Die Mango	151
Unfreundliche Götter	154
Glaube an Buddha – Glaube an Götter – Glaube an Geister	154
Kinderwunsch	155
Hausbau	156
Mohini	157
Traditionelle Heilmethoden	158
Achtzehn Dämonen	160
Mein Ayurveda-Kurs	160
Ayurveda	162
Die zweite Heimat	170
Tsunami	172
Tsunamihilfe	173
Billy	177
Volksgruppen	179
Singhalesen	180
Schulbildung	185
Das singhalesische Kastensystem	186
Singhalesisch	190
Insider-Tipps	191
Unterwegs	193
Galle	198
Danksagung	204

Für meine Freunde,
meine Sterne.

Auch wenn ich sie nicht sah,
waren sie mir nah.

Erster Besuch

Es war im Herbst des Jahres 1989, als meine Freundin Manuela eines Abends zu mir sagte: „Wir fliegen nach Sri Lanka." Bis heute habe ich keine Ahnung, weshalb sie damals nach Sri Lanka wollte. Wahrscheinlich wusste sie in ihrem Unterbewusstsein, dass sie mir die Insel zeigen musste, die mein Schicksal werden sollte.

Schicksal? – Ich bin eigentlich selbst überrascht von diesem Wort. Was ist Schicksal? Ich weiß nur, dass ich immer wieder nach Sri Lanka reisen muss, keine Ahnung wieso. Kaum habe ich eine Woche Freizeit, buche ich schon im Internet einen Flug nach Colombo und informiere meine Bekannten, dass ich wieder mal im Anflug bin. Mittlerweile ist das zwei- bis dreimal pro Jahr der Fall, je nach Finanzen und Zeit.

Irgendwann werde ich eine Rückführung in meine früheren Leben machen lassen und ich bin mir ganz sicher, dabei auf Sri Lanka zu landen. Immer wieder finde ich hier Plätze, die ich zum ersten Mal besuche, aber bei denen mir sofort klar ist, dass ich schon mal hier war und dass es eine Wiederkehr ist.

Wir buchten also einen Urlaub für den Frühling 1990, einen Pauschalurlaub. So richtig tourimäßig mit Abholung am Flughafen, gebuchter Rundreise und Badeferien am Strand.

Nach der Landung in Colombo war ich furchtbar enttäuscht: Ich, als Kind vom Lande, hatte mir die Palmen im Grün unserer Wälder vorgestellt – nun waren die Palmen an der Rollbahn gelb und braun, nur die oberen Wedel waren grün. Dann gleich die nächste Überraschung: Als wir das Flugzeug verlassen durften, überflutete uns ein Meer von Hitze, Luftfeuchtigkeit und Gerüchen. Der Reisepass in meiner Hand verwandelte sich in einen feuchten Lappen, die Kleidung hing an mir wie an einer hundertjährigen Vogelscheuche. Für den Zöllner muss ich ein erbärmliches Bild abgegeben haben – todmüde, verschwitzt und total verunsichert.

Die Unsicherheit ging weiter. Am Flughafen wurden wir von einem uralten VW Bus abgeholt. Seine Zierde waren Einschusslöcher im Fahrgastraum – sehr einladend. Gott sei Dank erwies sich, dass dieser Bus nicht unser Verkehrsmittel für die Rundreise, sondern nur für den Transfer zum Hotel in Colombo gedacht war.

Das Hotel in Colombo, das „Oberoi": Seinerzeit angeblich das Schicki-Micki-Hotel, mir kam es nicht so vor. Das Zimmer, die Bettwäsche, das Badezimmer – alles roch muffig. Die Fenster konnte man nicht öffnen, dafür gab es eine laute, wahrscheinlich auch pilzverseuchte, Klimaanlage, die sich um die Temperatur und um die Luftfeuchtigkeit kümmerte, nicht jedoch um die Gerüche und Düfte.

Da wir es im Hotelzimmer nicht wirklich aushalten konnten, besichtigten wir die Stadt. Hatten wir zumindest vor. Es wurde leider nur ein kurzer Spießrutenlauf zwischen Tuck-Tuck-Fahrern, Taxifahrern und Bettlern, alle wollten uns „ihre Stadt" zum Vorzugspreis zeigen.

Leider schlugen wir den falschen Weg ein: Anstatt in Richtung Zentrum, Richtung Galle Face Green, gingen wir in südlicher Richtung. Nach zirka fünfhundert Metern Fußweg wurden wir dann am Gehsteig von einem Sicherheitsbeamten angehalten. Hier sei der Präsidentenpalast und es sei nicht erlaubt, den Gehsteig davor zu benutzen?!?!?

Wir hatten zwar vor Reiseantritt über den Bürgerkrieg gelesen, von einer Partei namens JVP wussten wir aber überhaupt nichts und so war es für uns total überraschend, dass die Präsidentin so nachhaltig geschützt werden musste – auch vor zwei jungen weißen Mädchen aus Europa.

Colombo: Galle Face Green

JVP

Die JVP, die kommunistische Partei, wurde 1971 auf Sri Lanka von Wijeweera gegründet, als Sirimawo Bandaranaike Premierministerin war. Seine Anhänger waren vorerst beschäftigungslose Jugendliche und Gegner der Regierung. Alsbald wurden auch viele Studenten von der JVP überzeugt, dass der Kommunismus eine erstrebenswerte Staatsform sei. Sie wurden deswegen ausgewählt und angespornt, da die JVP-Führung genau wusste, dass sich die Regierung niemals gegen die Studenten stellen bzw. ihnen etwas zuleide tun würde.

Es kam zu Krawallen, Besetzung des Radiosenders, Ausgangssperren. Die Premierministerin ließ alle Kindergärten, Schulen und Universitäten schließen, damit sich das Gedankengut nicht so schnell verbreiten sollte. Es gelang ihr tatsächlich, innerhalb von drei Monaten die JVP niederzuschlagen.

In den darauffolgenden Jahren wurde es ruhig um die JVP.

Im Jahr 1983 brach der Bürgerkrieg zwischen der Regierung und den Tamil Tigers, die einen eigenen Staat im Norden Sri Lankas anstrebten, offen aus. 1987 holte der damalige Präsident Jayawardene indische Truppen nach Sri Lanka, um gemeinsam gegen die Tigers zu kämpfen. Dies wiederum gefiel der JVP nicht und man zettelte abermals Unruhen an.

Die JVP formierte sich wieder und rief erneut Ausgangssperren aus. Wer sich nicht daran hielt, wurde kurzerhand getötet. Die Angst der Bevölkerung vermehrte die Macht der JVP und die Regierung war einige Monate machtlos. Opfer der JVP wurden in Autoreifen gesteckt und auf der Straße öffentlich verbrannt, niemand traute sich mehr, sein Haus zu verlassen. Viele Touristen waren in den Hotels eingekesselt und suchten nach Fluchtwegen.

Die Regierung konnte nach und nach JVP-Mitglieder gefangen nehmen und drehte den Spieß um: Auch sie verbrannten die Leichen öffentlich auf der Straße.

Es ist für Familien auf Sri Lanka ein sehr schreckliches Ereignis, wenn sie über den Körper eines Verstorbenen nicht selbst bestimmen dürfen. Man machte sich diesen Umstand hier zu Nutze, indem man die Leichen ohne Beisein der Angehörigen verbrannte.

Irgendwann konnte die Regierung dann doch den JVP-Führer fangen und der ganze Spuk war vorbei.

Heutzutage hat die JVP einige Sitze in der Regierung und ebenso viele Anhänger, zu wenig um weitere Probleme zu verursachen.

Beginn der Rundreise

Am nächsten Morgen war es nun soweit: Fahrer, Reiseleiter und Reisegefährte stellten sich vor. Den Namen des Fahrers habe ich leider vergessen, der Reiseleiter hieß „Perl". Während diverser Aufenthalte in den kommenden zwanzig Jahren sollte ich nie wieder jemandem mit dem Namen „Perl" begegnen, wahrscheinlich war es sein Spitzname. Unser Reisegefährte war ein Graf aus Bayern, gut über siebzig, sehr rüstig. Er führte einen, zu dieser Zeit üblichen, überdimensionalen Camcorder mit sich und dieser Camcorder sollte uns viele Abende ohne Licht bescheren. Kaum waren wir in einem Hotel angekommen, gab es einen Stromausfall und riesige Aufregung unter dem Hotelpersonal, da man keinen Fehler finden konnte. Am Ende der Rundreise gestand uns der Graf, dass das Ladegerät des Camcorders einen Defekt hatte und er für sämtliche Stromausfälle verantwortlich war.

Als erstes stand eine Besichtigung von Colombo auf dem Programm, mit „eigenem" fahrendem Untersatz und ohne Begleitung aufdringlicher Taxifahrer.

⇦ *Gangarama-Tempel in Colombo*　　⇧ *Handelsviertel Pettah*

Colombo: dreckig, stinkend, laut, überfüllt. Überfüllt von Bussen, LKWs, Taxis, Autos, Mopedfahrern, Radfahrern, Fußgängern, Kühen, Hunden – Hierarchie in genau dieser Reihenfolge. Ich kannte bis zu diesem Zeitpunkt eigentlich nur Salzburg als Stadt, diese Stadt hatte mit meinem Stadtbild überhaupt nichts gemein.

Die Krönung war für mich die Pettah, das alte Handelsviertel der Moers, der muslimischen Bevölkerung Colombos. Hier war es noch lauter und stank noch mehr, ich war nur noch auf der Flucht vor Händlern, vor Passanten, die fotografiert werden wollten und vor mir selbst. Heute ist mir das einerlei, heute schlendere ich gerne durch die Pettah, mache Fotos und unterhalte mich mit den Verkäufern auf singhalesisch, nun ja – mehr als hundert Worte dieser Sprache kann ich auch heute nicht. Zum Glück verstehe ich die derben Scherze der Verkäufer nicht, über die sich meine Begleiter echauffieren.

Leider hatte es unser Führer damals verabsäumt, uns den wunderschönen Viktoria Park (Vihara Mahadevi Park) zu zeigen, dieser liegt genau gegenüber vom Rathaus und wäre somit auf unserer Besichtigungstour gelegen.

Für alle, die nun auf Colombo neugierig geworden sind, hier eine kurze Beschreibung von Colombo aus dem 3. Jahrtausend.

Colombo

Eine Stadt – so wie es für New York heißt – die auch niemals schläft. Wenn sich die letzten Nachtschwärmer auf dem Heimweg befinden, sitzen die anderen schon im Autobus zur Arbeit. Man muss sehr genau hinsehen, um Colombo etwas Liebliches abzuringen.

Colombo erstickt mittlerweile im Verkehr. Die Ende des 20. Jahrhunderts erbaute Stadtautobahn entspricht keinesfalls unseren europäischen Vorstellungen. Sie wird von der Eisenbahnlinie gekreuzt, jeder Verkehrsteilnehmer darf sich mit jedem Vehikel darauf bewegen – Verkehrschaos ist vorprogrammiert, zur Hauptverkehrszeit auf jeden Fall.

Colombo ist trotzdem einen Besuch wert. Nachdem der Bürgerkrieg endgültig vorbei sein dürfte, ist auch nicht mehr mit Attentaten zu rechnen, die Colombo über Jahrzehnte hinweg erschüttert haben.

Eine Stadtrundfahrt ist angesagt:

Gleich gegenüber dem Fort, dem Eisenbahn- und Busbahnhof, befindet sich das zuvor beschriebene alte Handelsviertel Pettah. Hier wird noch heute wie vor hunderten von Jahren ver- und gehandelt. Alte Uhren, Lederwaren, Haushaltsartikel, Bekleidung in Großhandelsmengen, aber auch Schmuck, Tee, Gewürze und ayurvedische Kräuter finden hier ihre Käufer.

Weitere Punkte der Rundfahrt sollten sein:
- das Nationalmuseum, erbaut im Kolonialstil, zeigt die 2000-jährige Geschichte Ceylons
- das White House nach amerikanischem Vorbild, das Rathaus. Gleich gegenüber liegt der Viktoria Park (heute Vihara Mahadevi Park) mit der großen Buddha-Statue
- die Unabhängigkeitshalle, in der am 4. Februar 1948 die 1. Sitzung des ceylonesischen Parlaments stattfand. Der 4. Februar ist seither Nationalfeiertag und wird in Colombo mit farbenprächtigen Paraden begangen
- die Conference Hall, ein Geschenk der Volksrepublik China
- das Galle Face Green: die englischen Kolonialherren veranstalteten auf dem Galle Face Green Pferderennen, heute verbringen Ceylonesen hier ihre Freizeit. Man isst sein Mittagessen, lässt Drachen steigen, oder

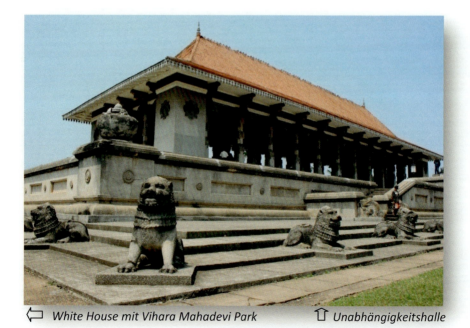

⇦ *White House mit Vihara Mahadevi Park*   ⇧ *Unabhängigkeitshalle*

sitzt – versteckt unter einem Regenschirm – ganz verliebt auf einer Bank
- Einkaufstempel wie House of Fashion, Odel oder Majestic City

Müde geworden vom Lärm der Großstadt, besucht man den Tempel auf dem Beira Lake, direkt hinter den Nobelhotels im 1. Bezirk. Hier findet man die Seele von Colombo, hier schlägt dessen Herz in einem beschaulichen Takt! Dieser Tempel wurde von Architekt Geoffrey Bawa, dem berühmtesten Architekten Sri Lanka's, erbaut und ist durch seine ausströmende Ruhe ein Kleinod inmitten der lärmenden Großstadt.

Der Tempel ist eigentlich nur die Meditationshalle des Gangarama-Tempels, der sich unweit davon befindet. Der Gangarama gilt als reichster Tempel von Colombo und wird durch Spendengelder immer weiter ausgebaut.

Sri-Lanker, die sich etwas zuschulden kommen ließen, finden Ablass im Tempel von Kelaniya. Hier befindet sich, unter anderen Heiligtümern, eine liegende Buddhastatue, die mit 18-karätigem Gold überzogen ist.

In Colombo leben die Anhänger aller vier Glaubensrichtungen – Buddhisten, Hindus, Muslime und Christen – friedvoll neben- und miteinander. Den meisten ist es eine Selbstverständlichkeit, die Feste der anderen Religionen mitzufeiern: zu Weihnachten trifft man sich in der christlichen Kirche, zum singhalesischen

Sivasubramaniya (Shivan) Kovil, Colombo

und tamilischen Neujahr im Tempel ...

Man muss nicht extra den Norden bzw. den Osten Sri Lankas bereisen, um wunderschöne, farbenprächtige Hindutempel besichtigen zu können. In Colombo gibt es eine Vielzahl davon, der wahrscheinlich schönste ist der Sivasubramaniya (Shivan) Kovil.

Nach einem anstrengenden Tag in Colombo hat man sich einen „Sundowner" verdient. Es empfehlen sich die Terrassen der alten Hotels: Entweder das Galle Face Hotel, direkt am Galle Face Green gelegen, inmitten der Stadt. 1864 erbaut, ist es das älteste Hotel seiner Art östlich von Suez, bis heute strahlt es seinen kolonialen Glanz aus. Oder das Mount Lavinia Hotel vor den Toren Colombos. Früher war es die Sommerresidenz von Sir Thomas Maitland, heute ist es durch den Zubau von zwei Hotelflügeln ein 4-Sterne-Hotel. Auf der Terrasse mit Swimmingpool hat man einen traumhaften Ausblick auf Colombo, das Meer und den Sonnenuntergang. Hier findet der Tag in der Hauptstadt sein Ende.

Galle Face Hotel

Polonaruwa

Auf unserer Rundreise ging es nun auf eine lange Etappe – bis nach Polonaruwa, fast an der Ostküste Sri Lankas.

Die Rundreise war auf sieben Tage angelegt und wir sollten mit einem anderen, noch älteren, VW-Bus eine Strecke von 1300 Kilometer zurücklegen. Wäre alles kein Problem, wenn nicht die Durchschnittsgeschwindigkeit unter 40 km/h gelegen wäre. Das nächste Problem waren die Stoßdämpfer, die einen solchen Namen wirklich nicht verdienten. Außerdem waren dazumal die Straßen in einem erbärmlichen Zustand. Eines Tages konnten wir zusehen, wie eine Nebenstraße geteert wurde: Man schüttete von Hand Steine auf und mit einer Art Gießkanne übergoss man das Ganze mit Teer.

Heutzutage gibt es auf Sri Lanka wunderbare Straßen, vor allem im Süden und im Südosten, der Norden kommt als nächstes dran (Stand Herbst 2009). Aus dem Tsunami-Budget ist noch Geld übrig und durch ausländische Firmen geht der Straßenbau zügig voran. Nur mit dem Autobahnbau Colombo – Matara gibt es so seine Probleme. Siebenundvierzig Brücken gibt es auf dieser Strecke, zwei davon sind gleich nach der Fertigstellung wieder eingestürzt. Diebe stahlen das Eisen, das für die Brücken vorgesehen war, die Brücken wurde einfach ohne Armierung errichtet – Sri-Lanka-System.

Aber wieder zurück zu unserer Rundreise: Polonaruwa war die 2. Königshauptstadt, Ruinen von ehemals wundervollen Bauten aus Parakramabahus Zeiten sind noch zu besichtigen. Ganz in der Nähe liegt Gal Vihara, meiner Meinung nach der mystischste Platz auf Sri Lanka. Ein stehender, ein sitzender und ein liegender Buddha strahlen soviel Ruhe aus, dass man sich einfach Zeit nehmen und verweilen muss.

Parakramabahu

Ein weiser König. Unter seiner Herrschaft im 12. Jahrhundert blühten Ceylon und seine damalige Hauptstadt, Polonaruwa, so richtig auf. Heutzutage würde man seine Leistungen als Wirtschaftswunder be-zeichnen.

Sein Leitspruch war: „Kein Regentropfen darf ins Meer gelangen, ohne für den Menschen nützlich gewesen zu sein." Diesem Leitspruch folgend suchte er die besten Ingenieure des Landes, die ein ausgeklügeltes System von Stauseen, Schleusentoren und Kanälen errichteten. Nicht nur in seiner unmittelbaren Umgebung, sondern auf der ganzen Insel. Immer wieder reiste er durchs Land, um sich zu vergewissern, dass seinen Anweisungen Folge geleistet bzw. um zu sehen ob ordentlich gearbeitet wurde. Reis wurde auf jeder noch so kleinen Fläche angebaut und reiche Ernten versorgten die Bevölkerung,

König Parakramabahu

niemand musste Hunger leiden. Es ging sogar noch weiter: Die Ernten waren so reichlich, dass der Reis nach Indien und China exportiert werden konnte. Parakramabahu war der erste Exporteur in der Geschichte Ceylons!

Zur damaligen Zeit gab es nicht wie heute große Flächen, die brach liegen und nicht landwirtschaftlichen genutzt werden. Parakramabahu wäre sicher traurig, wenn er sehen könnte, wie vertrocknet und verdorrt sich die Reisfelder heutzutage während der Trockenzeit präsentieren. Vom Reisexporteur ist Sri Lanka zum Reisimporteur geworden. Die Ironie dabei ist, dass die Handelsländer die gleichen geblieben sind – Indien und China.

Parakramabahu liebte die Schönheit der Frauen. Die Geschichte erzählt, dass er für seine fünfhundert Frauen einen siebenstöckigen Palast mit fünfhundert Zimmern errichten ließ. Die Grundmauern dieses Palastes kann man heute noch in Polonaruwa besichtigen, die Schönheiten leider nicht mehr. Er schätzte seine Frauen sehr. Zum Großteil kamen sie aus Indien und bekannten sich zum hinduistischen Glauben. Damit sie ihre Religion auch weiterhin ausüben konnten, ließ er gleich neben dem Palast einen Hindutempel errichten.

Parakramabahu liebte die Schönheit der Architektur. Am Ufer des Stausees von Polonaruwa, dem Topa Wewa, errichtete er einen Inselgarten, den

⇦ *Gal Vihara, Polonaruwa* ⇧ *Hindu-Tempel*

Geschichtsbücher mit dem Garten von Versailles vergleichen. Rechteckige und runde Swimmingpools luden ihn und seine Damen zum Baden und zu sonstigen Vergnügungen ein.

Parakramabahu liebte den Buddhismus. Ihm war es wichtig, dass sich seine Untertanen zum Buddhismus bekennen, er ließ unzählige Tempel auf der Insel, auch in den kleinsten Ortschaften, errichten. Auch die bereits beschriebenen Buddhastatuen von Gal Vihara sollen von ihm in Auftrag gegeben worden sein.

Parakramabahu kümmerte sich auch um die Gesundheit seiner Bevölkerung. Ein eigenes Ayurveda-Krankenhaus wurde während seiner Regierungszeit in Polonaruwa erbaut.

Parakramabahu war wahrscheinlich der letzte große König, der die ganze Insel regierte und mit seinem Wissen, seinem Können, seinem Glauben und seiner Weisheit das Land nachhaltig veränderte.

Auf nach Anuradhapura

Anuradhapura war um Christi Geburt etwa so groß wie Paris und beherbergte nicht nur tausende Mönche und deren Lakaien, sondern war auch für 113 singhalesische Könige die Hauptstadt. Riesige Parkanlagen mit wunderschönen Dagobas laden zum Herumwandern und Staunen ein. Dagobas sind religiöse Kuppelbauten in strahlendem Weiß, in deren Innersten sich heilige Reliquien befinden.

Unser Reiseleiter Perl erklärte uns, dass „Da" mit religiös und „Goba" mit großer Bauch zu übersetzen sei: Dagoba = religiöser, großer Bauch. Dagobas können im Normalfall nicht betreten werden, sie werden von den Gläubigen im Uhrzeigersinn umrundet. Es gibt eine einzige Dagoba auf der Insel, deren Innerstes geöffnet ist, es ist die Dagoba von Kalutera an der Westküste. Diese entstand erst nach 1960, ist also eine der Neuesten.

In Anruadhapura befindet sich das heiligste Heiligtum des Buddhismus auf Sri Lanka: Der Bodhi-Baum, mittlerweile über 2300 Jahre alt und von einem Eisengerüst gestützt. Er soll ein direkter Ableger jenes Baumes sein, unter dem Gautama-Buddha erleuchtet worden ist; die Nonne Sanga Mitta brachte den Ableger nach Sri Lanka und ließ ihn in Anuradhapura einpflanzen.

Die Gegend um Anuradhapura war nach der Blütezeit jahrhundertelang in Vergessenheit geraten, die Malaria wütete in diesem Gebiet. Erst die englischen

Kolonialherren fanden Überreste der Prachtbauten und gaben Ausgrabungen in Auftrag. Der Dschungel hatte die ganze Stadt überwuchert, das Niveau des Erdreiches lag etwa zwei Meter höher als zur Glanzzeit Anuradhapuras.

Für mich ist das Schönste in Anuradhapura die Skulptur der „Liebenden von Isurumuniya". Im 6. Jahrhundert erschaffen, stellt sie wahrscheinlich einen Sohn von König Dutugamunu dar, der sich in eine Bürgerliche verliebte. Das Bildnis zeigt den stolzen Königssohn, der seine Angebetete auf seinen Schoß zieht, sie ganz schüchtern, trotzdem barbusig. Früher war die Skulptur Bestandteil einer Außenmauer, nun wurde sie ins Museum verbannt.

Nacktheit bzw. Badebekleidung ist heutzutage ein heikles Thema auf Sri Lanka. An Wochenenden und an Vollmondtagen kommen die Einheimischen ans Meer, um zu baden und den Sonnenuntergang zu genießen. Kaum eine braune Schönheit, die es wagt, einen Badeanzug zu tragen – im Normalfall ist die Straßenbekleidung auch die Badebekleidung. Touristen im Bikini werden an den Stränden der Touristenorte geduldet, gerne sieht man dies aber keinesfalls. Ein Tuch, über die Schultern gelegt, besänftigt die Gefühle der Einheimischen und schützt gleichzeitig vor Sonnenbrand.

Es ist noch gar nicht so lange her, da machte mir der Fischer Nihal am Strand von Bentota ein großes Kompliment – er sagte: „Nun bist du eine von

Die Liebenden von Isurumuniya

uns, nun läufst du nicht mehr im Badeanzug am Strand rum." Sri Lanka ist die Insel der Sri-Lanker und als Urlauber sollte man doch auf die Gefühle der einheimischen Bevölkerung Rücksicht zu nehmen.

Nun aber wieder zurück nach Anuradhapura und zu seinem bedeutendsten König Dutugamunu. Er schaffte es, zirka 160 Jahre vor Christi Geburt, die Insel zum ersten Mal zu einen, er war der erste König, der über die ganze Insel herrschte.

Vihara Mahadevi und ihr Sohn Dutugamunu

Vihara Mahadevi war die schöne Tochter von König Kelani Tissa, dessen Königreich an der Mündung des Kelaniya Flusses, nördlich von Colombo, lag.

Dieser König war kein guter Mensch. Eines Tages packte ihn der Zorn und er ließ einen Novizen aus dem naheliegenden Kloster auf sehr grausame Weise töten – er ließ ihn in einen riesigen Topf mit kochendem Öl werfen und verbrühen.

Vom Meer her kamen kurz darauf riesige Wellen, ein Tsunami überschwemmte das Königreich. Viele Menschen wurden verletzt oder kamen zu Tode, Hütten und Häuser wurden zerstört. Da man es nicht besser wusste, beschuldigte man den König. Er sei dafür verantwortlich, dass dies alles verloren ging, er habe doch den kleinen Mönch ermorden lassen.

König Kelani Tissa musste handeln, um seine Macht zu erhalten und das Volk zu beruhigen. Er schmiedete einen Plan, in dem seine schöne Tochter die Hauptrolle spielen sollte. Schon ließ er sie rufen und teilte ihr mit, dass sie auserkoren sei, das Meer zu besänftigen. Überzeugt von seinem Tun, aber dennoch schweren Herzens, setzte er seine Tochter in ein goldenes Boot und schickte sie auf das Meer hinaus, opferte sie dem Meer. Nie wieder hat er sie gesehen.

Das Schicksal meinte es jedoch gut mit Vihara Mahadevi. Sie überstand die Schiffsreise unbeschadet und wurde an der Südküste bei Kirinda an Land, besser gesagt, an die Felsen gespült. Hier lag das Reich von König Kavan Tissa. Er war sofort zur Stelle, um die Schönheit aus dem Meer in Empfang zu nehmen. Ein Wahrsager hatte ihm bereits prophezeit, dass seine künftige Frau über das Meer zu ihm kommen würde – nun war sie da und kurz darauf feierte man Hochzeit. Lange blieb die Ehe kinderlos, Vihara Mahadevi war verzweifelt. Viele Besuche im Tempel waren nötig, um den Kinderwunsch zu erfüllen, schließlich bekam sie doch zwei Söhne.

Jahre vergingen und auf der Insel herrschte immer wieder Krieg, Tamilen wollten von Norden her das Land erobern. Kavan Tissa war ein friedliebender Mensch, er wollte keinen Kampf, keinen Krieg. Also ließ er seine beiden Söhne im Tempel schwören, nie gegen die Tamilen zu kämpfen.

Eines Tages sah die Mutter, dass ihr Sohn Dutugamunu zusammengekrümmt wie ein Embryo in seinem Bett schlief. Auf ihre Frage hin, wovor er Angst habe, antwortete er: „Siehst du nicht die Bedrohungen? Hinter mir das Meer und vor mir die Tamilen! Wie soll ich beruhigt und entspannt einschlafen können?"

Die Mutter machte diese Aussage sehr traurig und sie suchte ein Gespräch mit ihrem Mann. Sogleich

Vihara Ma

kam Dutugamunu dazu und ersuchte den Vater, in den Krieg gegen die Tamilen ziehen zu dürfen. Schweren Herzens gab der Vater nach und Dutugamunu zog von dannen.

Jahre des Krieges folgten. Dutugamunu konnte viele Kämpfe für sich entscheiden, nicht zuletzt dadurch, dass ihm „zehn Riesen", übergroße Männer, zur Seite standen. In der finalen Schlacht stand er in der Nähe von Anuradhapura dem Tamilenführer Elara direkt gegenüber. Es gab einen Kampf Mann gegen Mann, auch diesen letzten Kampf konnte Dutugamunu für sich entscheiden.

Dutugamunu war nun der erste König, der über die gesamte Insel regierte, Anuradhapura machte er zur Hauptstadt.

Je älter Dutugamunu wurde, umso trauriger wurde er. Er dachte an all die Schlachten, an all die Toten. Er fühlte sich schuldig. Im Hinblick auf eine günstigere Wiedergeburt ließ er in seiner Hauptstadt Anuradhapura durch die „zehn Riesen", die noch immer in seinem Dienst standen, die Dagoba „Ruwanweli Mahaseya" erbauen. Sein letzter Wunsch war es, die vollendete Dagoba zu sehen, dann wollte er sterben. Dieser Wunsch sollte sich auch erfüllen: Am Tage vor seinen Tod wurde die Dagoba fertig gestellt, Dutugamunu konnte noch einen letzten Blick auf sie werfen.

⇐ *Strand von Kirinda*　⇑ *Kampf zwischen Dutugamunu und Elara*

Viele Wahrsager und Handleser im heutigen Sri Lanka sind der Meinung, dass Elara und Dutugamunu in der Gegenwart wiedergeboren worden sind: Dutugamunu als Präsident Rajapakse, der den Krieg gegen die LTTE (Liberation Tigers of Tamil Eelam) im Mai 2009 gewann und Elara als Prabhakaran, der Führer der LTTE. Die Geschichte wiederholt sich.

Auch Präsident Rajapakse ist dabei, eine Dagoba in Anuradhapura errichten zu lassen. 304 Fuß hoch, soll sie ein Zeichen seiner Macht darstellen und an den gewonnenen Krieg gegen die LTTE erinnern.

Höhepunkt der Rundreise

Affen tollten die ganze Nacht auf dem Dach unseres Bungalows und ließen uns nicht zur Ruhe kommen. Nun sollten wir, unausgeschlafen wie wir waren, den Höhepunkt unserer Rundreise erleben – die Besteigung des Felsens von Sigiriya.

Von vielen wird der aus dem Nichts aufragende Monolithfelsen als das achte Weltwunder bezeichnet, und das auch zu Recht. Seinerzeit – im 5. Jahrhundert n. Chr. – war es eine Meisterleistung der Ingenieure, die Anlage zu errichten. Wunderschöne Gärten, miteinander verbundene Wassergräben mit Krokodilen, ausgeklügelte Wassersysteme und ein Palast auf dem Gipfel des zweihundert Meter hohen Felsens. Man kann nur hoffen, dass König Kasiyapa seine Arbeiter gut entlohnte, sie haben Großartiges vollbracht.

Der Aufstieg auf das Plateau des Gipfels war für mich alles andere als leicht. In den Alpen aufgewachsen, bin ich trotzdem keineswegs schwindelfrei und so gaben sich zwei Begleiter große Mühe, mich auf den Gipfel zu schleppen – einer zog vorne an meiner Hand, einer schob an meinem Hinterteil. Mit der freien Hand hielt ich mich, so gut es ging, an dem verrosteten Geländer fest und meine Füße suchten immer wieder nach Halt. Auch nach zwanzig Jahren bekomme ich noch eine Gänsehaut, wenn ich daran denke. Nie wieder habe ich auch nur daran gedacht, diesen Ausflug zu wiederholen.

Der Ausblick war jedoch wirklich atemberaubend. Der schöne Vorgarten, das Grün des Dschungels, im Hintergrund die Berge – und, oh Schreck, Gewitterwolken ziehen auf. Also gleich wieder runter, nicht dass der Felsen vom Regen auch noch glitschig wird.

Löwenfelsen von Sigiriya

König Kasiyapa I.

War König Kasiyapa wirklich so grausam, wie uns alle Geschichtsschreiber erzählen wollen? Wahr wird wohl sein, dass er seinen Vater, König Dhatusena, bei lebendigem Leib einmauern und so zu Tode kommen ließ. Grausam, fürwahr.

Kasiyapa wollte ganz einfach der Thronfolger sein. Da er aber von einer Nebenfrau abstammte, verwehrte ihm sein Vater diesen Titel und bestimmte, dass sein Halbbruder Maggallana der künftige König werden sollte. Kasiyapa wurde zornig, ließ – wie erwähnt – seinen königlichen Vater einmauern und schlug seinen Halbbruder in die Flucht.

Kasiyapa suchte sich als Königssitz einen besonderen Platz aus: Etwa in der Mitte der Insel, von weither sichtbar, auf einem zweihundert Meter hohen Monolithfelsen. Hier errichtete er einen seiner Paläste, nämlich den, den er während der Regenzeit bewohnte und in den er sich zurückziehen konnte, wenn Gefahr seitens seines heimkehrenden Halbbruders drohte.

Kasiyapa war ein Künstler. Beim Anblick des Monolithfelsen sah er einen Löwen vor sich. An der Nordseite ließ er daher Löwenpranken und ein Löwenhaupt anbauen, die Augen bestanden aus ungeschliffenen, großen Rubinen und verliehen den Löwen einen Ausdruck der Macht. An der Südseite, beim Schwanz des Löwen, ließ Kasiyapa einen Stausee anlegen. Dieser versorgte nicht nur seine Lustgärten und Springbrunnen mit Wasser, sondern auch den auf dem Plateau gelegenen Swimmingpool. Um das Wasser auf die entsprechende Höhe pumpen zu können, ließ er Luftventilatoren einbauen – all das vor zirka 1500 Jahren.

Kasiyapa liebte die Frauen. Er liebte es besonders, wenn seine Dienerinnen ihm morgens frische Blumen brachten. Um die Mädchen auch beim Anstieg zum Felsen beobachten zu können, ließ er eine Spiegelmauer erbauen. Der Anstrich aus Honig, Kalk, Sand und noch immer nicht erforschten weiteren Zutaten glänzt auch heute noch.

Kasiyapa war auch ein begnadeter Maler. Ihn faszinierten die Mädchen, die im Morgennebel den Felsen erklommen und er wollte sie für die Ewigkeit festhalten. Er malte die Schönheiten in Einbuchtungen auf etwa halber Höhe „seines Felsens". Etwa fünfhundert davon malte er, wie er sie sah: die kunstvollen Frisuren, die schönen Gesichter, die vollen Brüste, die schlanken

König Kasiyapa I.

Wolkenmädchen am Sigiriya-Felsen

Taillen – und den Morgennebel. Nicht einmal mehr zwanzig sind bis zum heutigen Tag erhalten geblieben, aber diese zeugen von der Schönheit seiner Dienerinnen.

Kasiyapa begnügte sich nicht mit einem einzigen Palast. In der Trockenzeit konnte man auch sehr gut unterhalb des Felsens wohnen. Ein zweiter Palast, Lustgärten – ein Wassergarten, ein Steingarten und ein Terrassengarten – wurden an der Westseite angelegt und viele erlauben sich auch heute noch einen Vergleich mit den Hängenden Gärten von Babylon.

Kasiyapa soll auch noch einen dritten Palast angelegt haben, unterirdisch und mit einem Zugang an der Ostseite. Näheres ist ungewiss.

Kasiyapa verweilte achtzehn Jahre in seinem Paradies, dann kam sein Halbbruder zurück. Es kam zum Kampf, jeder hatte seine Gefolgsleute im Hintergrund. Kasiyapa hatte wirklich Pech: Der Elefant, auf dem er ritt, witterte ein Moorloch und drehte um. Seine Soldaten sahen darin das Zeichen zum Rückzug und wendeten ebenfalls. Kasiyapa stand nun alleine dem Heer seines Halbbruders gegenüber und beging in seiner aussichtslosen Lage Selbstmord. Er schnitt sich mit seinem Schwert die Kehle durch, steckte das Schwert wieder in die Scheide – und fiel tot vom Elefanten.

Handleser

Im antiken Ceylon gab es keine Handleser, diese Lehre stammt aus Indien. Neben vielen Scharlatanen, die zur Unterhaltung der Touristen engagiert werden, gibt es jedoch auch solche, an die sich Sri-Lanker wenden. Sie haben einen gleich hohen Stellenwert wie Astrologen. Meist sind Handleser auch im Lesen von Horoskopen bewandert.

Am Fuße des Felsens von Sigiriya werden Sie wahrscheinlich Sunil begegnen. Sunil ist einer der berühmtesten Handleser auf Sri Lanka, sogar nach Japan wurde er von interessierten Kunden bereits eingeladen. Auch wir luden ihn ein, uns etwas über unser Innerstes und unsere Zukunft zu erzählen.

An ein persönliches Horoskop zu glauben fällt mir nicht schwer, ich kann es auch mittlerweile ein bisschen interpretieren – mit Handlesen hatte ich noch keinerlei Erfahrungen. Ich war sehr neugierig.

Sunil packte eine riesige, blaue Lupe aus, hielt sie im Abstand von zirka fünf Zentimetern vor seine Augen und begann, mit Rotstift die Linien meiner Hand nachzuzeichnen und Hügel zu schraffieren. Sogar mein Muttermal bekam einen Kringel. Kurz darauf sprudelte es so richtig aus ihm heraus, erstaunlich wie er meine Charakterzüge beschrieb und genau auf den Punkt brachte, was mir im Moment wichtig war. Er wusste genau, dass ich die Gründung einer eigenen Firma plane, dass mir meine Freunde sehr wichtig sind und – Gott sei Dank – dass ich nie heiraten würde.

Als ich das in kurzen Worten meiner Freundin per SMS mitteilte, war ihr knapper Kommentar: Ich hab schon lieber (m)einen Mann.

Was mich am meisten faszinierte war, dass er aufgrund meiner Hand, aufgrund meines Alters und meines Geburtsmonats den Aszendenten nennen konnte. Wie war das nur möglich? Er gab mir eine ausweichende Antwort.

Hände sind für ihn wie ein offenes Buch. An jedem Fingeransatz gibt es eine Erhebung. Diese „Hügel" werden verschiedenen Lebensbereichen zugeordnet, je nach Ausbildung und Höhe dieses Hügels ist dieser Bereich als gut oder schlecht zu beurteilen. Die Handkante zeigt ihm die Gedankenwelt des Klienten. Die Linien, die die Hand durchziehen, die Linien am Handgelenk und sogar die Linien an der Stirn verraten ihm weitere Details. Muttermale auf der Hand sind laut seiner Aussage nur temporär, sie zeigen ein Problem an und nach Lösung dieses Problems verschwinden diese wieder. Auch hier gibt die Platzierung den

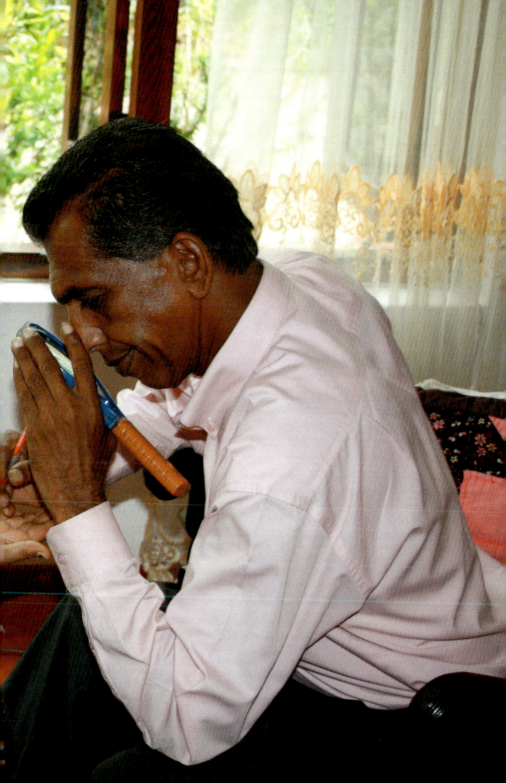

Bereich an, in dem das Problem liegt; ein Muttermal am Handgelenk deutet auf einen Gefängnisaufenthalt hin!

Bei einer Frau zeigt die linke Hand die eigene Persönlichkeit und die rechte Hand die des Partners, bei den Herren der Schöpfung ist es genau umgekehrt.

Sunil sagt, dass er immer ehrlich zu seinen Kunden sei. Es freut ihn, wenn er gute Prognosen weitergeben darf, es ist ihm aber auch wichtig, auf schlechte Dinge hinzuweisen, damit man sich dagegen wappnen kann. Er ist davon überzeugt, dass seine Voraussagen zu hundert Prozent richtig sind.

Nachdem er auch meinen Freunden aus der Hand gelesen hatte, wollte ich unbedingt mehr über ihn erfahren und er erzählte mir seine Lebensgeschichte:

Seine Eltern hatten zehn Kinder, zwei davon starben in jungen Jahren. Als Sunil ein Teenager war, verließ der Vater die Familie, um sich einer anderen Frau zu widmen. Die Mutter heiratete auch wieder, aber der neue Mann blieb nur etwa vier Jahre bei der Familie, acht pubertierende Stiefkinder waren wahrscheinlich nicht das Gelbe vom Ei.

Sunil hatte riesige Probleme in der Schule und brach diese dann relativ früh ab. Aufgrund seines miserablen Zeugnisses fand er keinen Job und hatte somit viel Freizeit. Er wollte seinem Leben auf den Grund gehen, wollte sein Karma kennenlernen, wollte die Ursache seiner Probleme herausfinden. Er kaufte sich Bücher übers Handlesen und übers Horoskoplesen.

Es fiel ihm wie Schuppen von den Augen: Dieses Leben war ihm vorgegeben. Immer mehr wollte er darüber wissen, immer tiefer drang er in die Materie ein und so wurde er Spezialist im Handlesen.

Er blieb bei seiner Mutter wohnen und lebte seine Berufung. Aus seiner Hand, aus seinem Horoskop konnte er lesen, dass er erst mit über fünfzig Jahren heiraten würde. Als es soweit war, inserierte er in der Sonntagszeitung – hundertvierundfünfzig Zuschriften! Viel zu lesen! Von fünfundzwanzig Damen forderte er das Horoskop an, da ihm ein Vergleich der Horoskope überaus wichtig war. Die zehn Damen mit den passendsten Horoskopen besuchte er, es wurde eine Reise fast über die ganze Insel.

Wozu in die Ferne schweifen, das Gute liegt so nah! Nur fünf Kilometer von seinem Elternhaus entfernt wurde er fündig. Innerhalb von drei Monaten wurde geheiratet und schon bald war Nachwuchs unterwegs.

Nun ist er sehr glücklich und strahlt dies auch nach außen. Mit seiner Arbeit kann er gutes Geld verdienen und seine Familie ist sein ganzer Stolz.

Kandy

Und weiter ging die Reise, das Ziel war diesmal Kandy. Hier spürt man auf Schritt und Tritt das singhalesische Herz. Nirgendwo anders sind die Menschen so stolz, Singhalesen zu sein als hier – hier regierte der letzte singhalesische König.

Kandy ist auch ein besonders schönes Fleckchen Erde. Umgeben von kleinen Gebirgen, sattgrün durch die üppige Vegetation, liegt die Stadt eingebettet im Talbecken. Die königlichen und religiösen Gebäude, der Markt sowie viele andere Sehenswürdigkeiten liegen alle nahe beisammen und können somit zu Fuß erkundet werden.

Da nachmittags keine Besichtigungen am Programm standen, genoss ich mein erstes Sonnenbad und meinen ersten Sonnenbrand auf Sri Lanka. Die Sonne in Äquatornähe war viel zu stark für meine bleiche Europa-Winter-Haut. Leider kannte ich damals noch nicht das Sri-Lankanische-Aftersun, die edle Pflanze mit dem edlen Namen Komarika – Prinzessin. Europäer haben dafür keinen so wohlklingenden Namen, hier heißt sie einfach Aloe Vera.

Komarika – Aloe Vera

Auch der Reiseleiter gönnte sich einen freien Nachmittag. Er hätte uns doch ohne weiteres die Schön- und Eigenheiten dieser Stadt zeigen können. Zum Beispiel die Markthalle; für den europäischen Geschmack zwar etwas schmutzig, aber ansonsten voller Überraschungen. Hier kann man, auch als Tourist, relativ günstig einkaufen: Bekleidung, Lederwaren, ayurvedische Produkte und Gewürze, um nur ein paar Dinge zu nennen.

Am Abend durften wir ein weiteres buddhistisches Highlight besichtigen: den Zahntempel (Dalada Maligawa). Und sogleich ein Fauxpas von mir: In meinem Reiseführer in Buchform stand geschrieben, dass hier gar nicht der Zahn von Gautama-Buddha aufbewahrt wird, sondern nur eine Kopie. Dies erzählte ich sogleich meinem Reiseführer in Menschenform. Sein buddhistisches Herz fühlte sich dadurch so beleidigt, dass er mich an den weiteren Tagen keines

Blickes mehr würdigte. Heute weiß ich, dass in den sieben Schatullen im Zahntempel der Original-Eckzahn von Gautama-Buddha verwahrt wird. Die Kopie benutzt man nur für die Umzüge. Das Original ist zu wertvoll, um es außerhalb der Tempelanlage zu bringen.

Ursprünglich war der König des indischen Reiches Kalinga im Besitz des Zahnes. Als dieser kurz vor einer Niederlage in einer kriegerischen Auseinandersetzung stand, wollte er diese Kostbarkeit in Sicherheit wissen, versteckte den Zahn im Haar seiner Tochter Hemamala und schickte sie nach Ceylon. Hier wurde der Zahn freudig von Prinz Dante aufgenommen und er ließ zu dessen Ehren den Tempel von Kandy errichten. Von nun an war der Besitzer des Zahnes der Herrscher der Insel.

Morgens und abends ist im Tempel Puja-Zeit. Trommeln und Blasinstrumente sorgen für die nötige Aufmerksamkeit. Die Tür zu den Schatullen mit dem Eckzahn wird geöffnet und Gläubige, aber auch nichtgläubige Touristen, dürfen einen kurzen Blick darauf werfen.

Anschließend gibt es Touristen-Programm: die Kandytänze. Diese sehr traditionellen und ausdrucksreichen Tänze dürfen bei Umzügen, Hochzeiten und sonstigen Feiern keinesfalls fehlen – hier werden sie jedoch nur für die

Zahntempel in Kandy

Prinz Dante und Prinzessin Hemamala, gemalt von Hansani Gunasekara

Touristen aufgeführt, täglich und nicht zu besonderen Anlässen. Für mich, als Bewohner eines Touristenortes in Österreich, keine Überraschung.

Der erste und der letzte singhalesische König

In der Zeit um etwa 500 vor Chr. gab es auf Ceylon riesige Baumwollfelder, die von den Jakshas, den Ureinwohnern, bestellt wurden. Den Jakshas sagte man eine teuflische Abstammung nach, sie konnten jederzeit ihr Aussehen ändern.

Die zentrale Figur der Urgeschichte ist Kuweeni, auch sie konnte sich in ein junges, wunderhübsches Mädchen, in ein altes Weib, in einen Bettler oder auch in einen Teufel verwandeln.

Eines Tages, sie hatte sich gerade in ein junges, liebreizendes Wesen verwandelt, saß sie bei ihrer Arbeit und zwirbelte Baumwolle. Als sie kurz von dieser Arbeit aufblickte, stockte ihr der Atem: Ein Boot hatte am Ufer angelegt,

König Wijaya und Kuweeni

daraus entstieg ein für sie göttliches Wesen: Jung, groß, stark, männlich – mit einer Haut, die wie Gold in der Sonne glänzte.
Es war Wijaya, ein arischer König aus Indien, der nach Ceylon gekommen war. Er hatte nicht die Liebe im Sinn, er wollte das Land erobern. Trotzdem erlag er dem Charme von Kuweeni, erschmeichelte sich jedoch noch vor der Hochzeit ihr Reich, das Reich der Jakshas.
Kuweeni und König Wijaya hatten zwei Kinder und die Legende erzählt, dass aus dieser Verbindung das Volk der Singhalesen hervorging.
Wijaya war der erste singhalesische König. Mehr als 150 Generationen singhalesischer Könige folgten ihm und regierten über 2300 Jahre Ceylon bis in das Jahr 1815. In diesem Jahr stürzten die englischen Kolonialherren den letzten König von Kandy, Sri Wickrama Rajasinghe. Durch einen Verrat seines ersten Ministers, Ahellepolla, war dies möglich. Ahellepolla tat sich mit dem englischen Heer zusammen und verriet die Verteidigungspläne des Königs.
Vom Hochland her kamen die Engländer und belagerten Kandy zwei Jahre lang. In diesen zwei Jahren der Besatzung wurde dem König klar, dass nur Ahellepolla seine Pläne verraten haben konnte. Sogleich ließ er dessen Familie, die Frau und die Kinder, im künstlichen See von Kandy ertränken. Das kleinste Kind ließ er in einem Mörser, der zum Schälen von Reis verwendet wurde, zerstampfen.
Die englischen Kolonialherren ließen König Sri Wickrama Rajasinghe nach seinem Sturz in ein ausländisches Gefängnis bringen. Kein Ceylonese hat jemals erfahren, wohin er verbracht wurde bzw. wann und wie er gestorben ist. Ein trauriges, bitteres Ende dieser Ära.

Zahntempel

Auch im Jahr 1998 war ich wieder auf der Insel und ein Besuch Kandys durfte auf keinen Fall fehlen.
Zu dieser Zeit herrschte vor dem Zahntempel rege Betriebsamkeit. Tribünen und Marktstände wurden aufgebaut, alles wurde auf Hochglanz poliert. Der Anlass? Der 50. Jahrestag der Unabhängigkeit von den Kolonialherren. Man erwartete hohen Besuch, Prinz Charles sollte nach Sri Lanka kommen und den Feierlichkeiten beiwohnen.
Genau eine Woche nachdem wir in Kandy waren, detonierte eine Bombe und zerstörte große Teile des Eingangsbereiches des Zahntempels.

Zahntempel

König Sri Wickrama Rajasinghe

Kandy Perahera

Alljährlich zum Vollmond im Juli oder im August (im überlieferten Monat Esala) scheint es, dass sich ganz Sri Lanka in Kandy trifft. Man sucht Unterschlupf bei Verwandten oder Freunden oder mietet sich in, zu dieser Zeit überteuerten, Hotels ein. Der Grund: die Kandy-Perahera – grandiose Umzüge, prunkvolle Prozessionen.

Kandy ist auch heute noch aus zweierlei Hinsicht das Herz und die Seele der Insel: Der letzte singhalesische König hat hier um die Unabhängigkeit gekämpft und die heiligste Reliquie des Buddhismus, der Eckzahn von Gautama-Buddha, wird im hiesigen Tempel verwahrt.

Die Geschichte der Esala Perahera geht bereits auf das 3. Jahrhundert v. Chr. zurück. Durch Umzüge mit geschmückten Elefanten, Tänzern und Trommlern wurde um Regen und um eine gute Ernte gebeten. Der Volksglaube besagt, dass man nie unter Hungersnöten, Katastrophen oder Revolutionen leiden würde, solange die Umzüge abgehalten werden.

Nachdem im Jahre 1592 die Zahn-Reliquie nach Kandy kam, wurden die Umzüge erweitert bzw. ist seither der Zahn (bzw. dessen Kopie) der Mittelpunkt der Esala-Perahera.

Die Festlichkeit in Kandy beginnt, wenn im Monat Esala der Mond zum ersten Mal nach dem Neumond wieder sichtbar ist und dauert zwölf Tage.

Alle domestizierten Elefanten der Insel kommen mit ihren Mahuts nach Kandy, um die Umzüge anzuführen. An deren Spitze schreitet der Tempelelefant mit der Reliquie bzw. der Kopie. Diese ist in viele Schatullen verpackt und daher für die Zuschauer nicht sichtbar. Alle Elefanten sind festlich geschmückt – in festliche Umhänge gehüllt und festlich beleuchtet (Generatoren als Stromquellen werden einfach hinterher gezogen). Den Elefanten folgen Trommler, Musikanten, Feuerschlucker und viele andere Darsteller.

Zwölf Nächte lang sind die Straßen gesäumt mit unzähligen Zuschauern, die eigens dafür – teilweise aus aller Welt – angereist sind; Höhepunkt und Abschluss ist die Vollmondnacht.

Die Düfte der Kokosnusslampen, die Akrobatik der Tänzer, das Feuer der Feuerschlucker, die Lichter der Elefanten, der Takt der Trommeln – das alles nimmt einen gefangen und versetzt einen in Trance. Ein Fest für Geist, Körper und Seele.

Auf ins Hochland

Darauf freute ich mich besonders. Ich als Bergbauernmädl wollte unbedingt sehen, wie Landwirtschaft hier in Seehöhen um die 2000 Meter funktioniert. Und tatsächlich, Landwirtschaft soweit man sieht – wenn man die Teeplantagen als Landwirtschaft bezeichnen will. Ich war fasziniert von den Grüntönen der Plantagen: hier noch ganz junge Stauden mit hellgrünem Laub, dahinter abgeernteten, die nur noch ihre dunklen, harten Blätter zeigten. Die Knospen und die jungen Blätter waren ja schon in die Körbe der Pflückerinnen gewandert.

Wir kamen damals gerade rechtzeitig zum „Dienstschluss" auf die Plantage, die Pflückerinnen kamen auf den kleinen Wegen zwischen den Teesträuchern dahergeeilt, um sich zur Verwiegung anzustellen. Ein buntes Bild – die wunderschönen, roten, grünen, lilafarbenen Saris der Arbeiterinnen und große Mengen von tiefgrünen Teeblättern. Fünfzehn Kilogramm war damals die Mindestmenge, die eine Pflückerin in ihrem Korb haben musste, die Arbeit von zirka sechs Stunden.

Gemüseverkäufer an der Straße

Das Hochland ist aber auch Gemüseland. Hier gibt es große Felder mit Karotten, Bohnen, Salat. Direkt nebenan, an der Straße, die Verkaufsstände. Der Preis für die Bauern ist beim Direktverkauf natürlich höher als beim Verkauf an Zwischenhändler. Nicht nur die Bauern verkaufen hier ihre Produkte, auch jede Hausfrau verkauft auf einem kleinen Tisch direkt an der Straße, was ihr Garten gerade hergibt: Limetten, Gotokola (in etwa mit unserer Kresse vergleichbar), Kittulpenni (Sirup der Kittulpalme) und noch vieles andere.

In Europa unvorstellbar, auf Sri Lanka möglich: Mit dem Erlös einer einzigen Tomatenernte von einem einzigen Feld kann man ein Haus bauen – zwar nur ein Lehmhaus mit einem Dach aus Wedeln der Kokospalme, aber es ist ein Dach über dem Kopf und hält jahrelang.

Das Hochland ist auch für seinen Wasserreichtum und für seine Wasserfälle berühmt. An der Straße nach Nuwara Eliya, der Stadt des Lichtes, sieht man immer wieder die wunderschönsten Wasserfälle, ein Fotostopp ist unabdingbar.

Rawana und Sita

Liebesgeschichte per excellence – oder doch nicht?

Rawana war ein König auf Ceylon, wahrscheinlich ein nicht sehr galanter – einige Schriften bezeichnen ihn sogar als Dämon. Von den Mädchen der Insel hatte er genug, er wollte etwas Neues. Er hörte von einer wunderschönen Frau in Indien, leider verheiratet. Der Name der Schönheit war Sita, der ihres Mannes Rama.

Rawana fasste einen Plan: Er wollte ein Flugzeug bauen und Sita entführen. Gesagt, getan. Das Flugzeug konstruierte er aus Holz in Form eines Pfaues, angetrieben von Pedalen, ähnlich einem Fahrrad.

Es gelang ihm tatsächlich, Sita zu entführen. Glücklich wurden die

Rawana Ella Wasserfall, Ella

beiden jedoch nicht miteinander. Rama kam immer wieder nach Ceylon, um nach seiner Ehefrau zu suchen. Auf der Flucht vor ihm versteckte sich das Paar in einer Höhle im Hochland von Sri Lanka.

Die Höhle kann man auch heute noch besichtigen, es gibt geführte Bergwanderungen von Ella aus. Auch der Wasserfall in der Nähe von Ella ist nach Rawana benannt.

Die Liebesgeschichte zwischen Rawana und Sita wird auf Sri Lanka mit der Liebesgeschichte von Romeo und Julia verglichen. Durch zahlreiche Tänze und Darstellungen auf Gemälden und Batiken bleibt das Paar unvergessen.

Sri-Lanker sind stolz darauf, dass einer ihrer Könige das erste Flugzeug der Welt baute. Sri Lankan Airlines griff diese Geschichte ebenfalls auf, eine stilisierte Form des Pfauen-Flugzeuges ziert den Heckflügel der Flugzeugflotte.

Nuwara Eliya

Postamt in Nuwara Eliya

Ach ja, in Nuwara Eliya schmeckte für mich das Essen wieder nach Essen. Das Gemüse war für meinen Gaumen wieder als solches erkennbar und nicht von allen möglichen (und für mich damals unmöglichen) Gewürzen übertönt. Der Patissier des Grandhotels zauberte die köstlichsten Nachspeisen und wartet bis heute auf das von mir versprochene Foto. Ich entschuldige mich hiermit dafür, dass ich es nie geschickt habe.

Nuwara Eliya ist das kleine England der Insel. Wenn im April, Mai die Luft an der Küste heiß, schwül und feucht wurde, zogen sich die englischen Kolonialherren in die Berge, in die frische, kühle Luft zurück und errichteten hier ein englisches Dorf mit Pferderennbahn und Golfplatz und bauten Häuser im Stil englischer Cottages. Besonders liebenswert ist das alte Postamt, dieses könnte genauso irgendwo in England stehen.

Ganz wie zuhause in Österreich zogen wir uns warm an, denn es war bereits sehr frisch geworden, und machten einen Spaziergang über den Golfplatz. Ein „Führer" erzählte uns, dass wir hier über den schönsten und größten Golfplatz Asiens wandern.

Ceylon Tee

Der Weg ist das Ziel!

Überall sattgrüne Teeplantagen, unterbrochen nur von den bunten Saris der Teepflückerinnen. Es ist unbedingt nötig, mehr über diese hier allgegenwärtige Pflanze zu erfahren und so begibt man sich in eine Teefabrik. Die Hitze und das ausströmende Aroma nehmen einen sofort gefangen.

Bis in das 19. Jahrhundert war Kaffee das beliebteste Heißgetränk auf Ceylon, zweifelsohne war man Selbstversorger. Auf großen Flächen wurde Kaffee kultiviert und vor Ort geröstet. Dann kam das Schreckensjahr für den ceylonesischen Kaffee: 1860 zerstörte eine Pilzkrankheit fast sämtliche Kaffeepflanzen und die meisten Plantagenbesitzer gingen bankrott.

Bereits im Jahr 1849 versuchte sich der Schotte James Taylor im Teeanbau und legte seine erste kleine Plantage in den Bergen von Ceylon an.

Als nun die Kaffeeplantagen brach lagen, lag es nahe, Tee darauf zu kultivieren. Da die englischen Kolonialherren bereits Erfahrung mit dem Teeanbau in Indien hatten, brachten sie kurzerhand die Teesträucher nach Ceylon. Nicht nur die ehemaligen Kaffeeplantagen wurden bepflanzt, man ließ auch weitere Berghänge roden, um Tee im großen Ausmaß anzubauen.

Da man vor Ort keine geeigneten Arbeitskräfte fand, wurden unverzüglich Tamilen aus Indien in die Berge Ceylons verfrachtet. Hier wurden sie direkt auf den Plantagen angesiedelt, so entstand auf jeder Plantage ein kleines Tamilendorf. Die Frauen mussten den Tee pflücken, die Männer wurden zur Arbeit in der Teefabrik gebraucht.

Ein Teestrauch hat eine Lebensdauer von zirka fünfundvierzig bis fünfzig Jahren, bereits zwei Jahre nach der Pflanzung kann der erste Tee gepflückt werden. Im Abstand von fünf Jahren wird der Teestrauch auf eine Höhe von etwa zwanzig bis dreißig Zentimetern gekappt, nur die Wurzel und der Stamm bleiben erhalten. Man verwendet dazu eine Hacke, damit die Schnittfläche schön glatt ist und der Strauch wieder gut nachwachsen kann.

Alle sieben Tage muss ein Teestrauch abgeerntet werden. Die Pflückerin zupft dabei zwei Blätter und die Knospe ab, beim hochwertigen Silbertee nur die Knospe. Mittels Riemen über dem Kopf trägt die Teepflückerin einen Korb auf dem Rücken, in dem die Teeblätter gesammelt werden.

In der Teefabrik erfolgt die Weiterverarbeitung: Die frischen Teeblätter werden etwa vierundzwanzig Stunden zum Trocknen aufgelegt, anschließend maschinell gerollt. Durch die Zerstörung der Blattzellen beginnt die Fermentierung und Oxidation, der Tee bekommt seine rotbraune Farbe. Dieser Tee hätte aber noch zu viel Flüssigkeit, um sein volles Aroma zu entfalten und um

⬅ *Ceylon Tee*   ⬆ *Wasserfall und Teeplantageim Hochland*

haltbar zu sein. Deshalb werden die Teeblätter noch in einer Trocknungsanlage bei zirka zweihundert Grad nachgetrocknet. Diese Trocknungsanlage wird mit Holz befeuert, Gas oder Heizöl würde das feine Tee-Aroma zerstören. Durch Siebe werden die Qualitätsklassen sortiert, bis zum Schluss nur noch der „Staub" übrigbleibt, dieser kommt in die Teebeutel oder wird als Düngemittel auf den Plantagen verstreut.

Jede Plantage hat ihren eigenen Teetester. Dieser ist für gleichbleibende Qualität verantwortlich, erzählt aber auch gerne dem interessierten Besucher von seiner Tätigkeit und erklärt die Unterschiede der verschiedenen Teesorten.

Grundsätzlich wird auf Sri Lanka zwischen zwei Qualitäten unterschieden: Hochlandtee und Tieflandtee. Hochlandtee hat ein sehr feines Aroma, das vor allem die Engländer schätzen. Tieflandtee ist aufgrund der Sonneneinstrahlung bitter und wird in den arabischen Ländern bevorzugt.

Teefabriken waren bis zum Ende des letzten Jahrhunderts verstaatlicht. Es gab laufend Streiks der Arbeiterinnen und Arbeiter um bessere Wohn- und Arbeitsbedingungen sowie um mehr Lohn. Die Arbeitsniederlegungen hatten schwerwiegende Folgen: Wie angeführt, muss der Teestrauch einmal pro Woche abgeerntet werden, sonst wächst er aus. Wenn nun die wöchentliche Ernte nicht erfolgt, muss der Teestrauch zusammengestutzt – abgehackt – werden. Natürlich dauert es dann wieder einige Wochen, bis neuerlich gepflückt, geerntet werden kann. Große Geldeinbußen waren die Folge. Die Regierung verkaufte die Teeplantagen an private Unternehmer, die teilweise mittels ausländischer Investoren und Abnehmer die Plantagen wieder gewinnbringend führen.

Teepflückerinnen haben auch heute noch eine große Lobby. Nach Demonstrationen im Herbst 2009 wurde ausverhandelt, dass nun nach Arbeitsstunden und nicht mehr nach gepflückter Menge und Gewicht bezahlt wird. Nach wie vor gibt es für die Teepflückerinnen ein gutes Sozialsystem, das auf Sri Lanka seinesgleichen sucht: Nachdem bei Schlechtwetter, Regen und Nebel nicht gearbeitet werden kann und daher kein Lohn ausbezahlt wird, erhalten die Pflückerinnen – auch nach der Privatisierung der Plantagen – vom Staat Sozialhilfe.

Ceylon Tee ist weltberühmt und in fast alle Länder der Erde exportiert.

Rathnapura – die Stadt der Edelsteine

Nach meinem persönlichen Highlight, dem Hochland, ging es wieder bergab, wir ließen die letzten Teeplantagen hinter uns und Perl, unser Reiseleiter, versprach uns einen weiteren Höhepunkt: die Besichtigung von Edelsteinminen.

Das Mittagessen in Rathnapura werde ich nie vergessen: Seit einer Woche waren wir ja nun schon „Reis & Curry-geschädigt", ich konnte die verschiedenen Gewürze nicht mehr riechen und der viele Chili beleidigte meine Magennerven. Ich streikte! Heute kein Reis & Curry! Über Manuela ließ ich Perl das ausrichten, er sprach ja seit dem Vorfall in Kandy kein Wort mehr mit mir. Man kam überein, mir ein Eiersandwich zu servieren. Ich biss auch kräftig zu – endlich mal etwas, das nicht zu Tode gewürzt war. Es schmeckte einfach köstlich. Aber dann – oh Schreck – bei genauerer Besichtigung des Eiaufstriches fand ich Insektenteile, grob zerstoßen. Aus den Einzelteilen hätte man noch leicht, wie bei einem Puzzle, das Insekt rekonstruieren können. Das Mittagessen war wieder ausgefallen.

Dann ging es weiter zu den Minen. Ich war schon sehr gespannt, wollte unbedingt sehen, wie die Glitzerdinger ausgebuddelt werden. Aber: Heute Feiertag, kein Arbeiter war weit und breit zu sehen. Erst Jahre später sollte ich

Edelsteinmine bei Pelmadulla

erfahren, wie diese kleinen und größeren Kostbarkeiten der Erde entrissen werden.

An dieser Stelle möchte ich noch ein ganz persönliches Wort über Schmuck- und Edelsteinkauf auf Sri Lanka an meine Leser richten. Leider werden immer wieder qualitativ minderwertige Steine zu überhöhten Preisen angeboten. Seien Sie bitte sehr vorsichtig beim Kauf von Schmuck und Edelsteinen. Bedenken Sie, dass das auf Sri Lanka gängige Provisionssystem den Preis zusätzlich erhöht.

Edelsteine

Sri Lanka ist für seine Edel- und Halbedelsteine seit biblischen Zeiten berühmt. Geschürft werden hauptsächlich Saphire (in allen Farben), aber auch Rubine, blaue Mondsteine, Turmaline, Granaten, Spinelle, Aquamarine, blaue Topase, Katzenaugen, Quarze …

Die berühmtesten Edelsteine der Welt kommen aus Sri Lanka, so z. B. der „Blue Belle of Asia" der englischen Krone.

Es wird angenommen, dass nur etwa 10 % des Edelsteinvorkommens entdeckt worden ist. Die restlichen 90 % warten noch auf ihre Auffindung. Zurzeit wird nur in und um die Stadt Pelmadulla geschürft. Die nächstgelegene Stadt ist Rathnapura, sie liegt inmitten von landwirtschaftlich genutzten Flächen im „Nirgendwo" und gilt als Hauptstadt der Edelsteine. Vor mehr als zwanzig Jahren kam eine Vielzahl von Touristen nach Rathnapura, um Edelsteine und Schmuck günstig zu kaufen. Nun ist es anders: Der in Rathnapura angefertigte Schmuck ist altmodisch und zu teuer, die Edelsteine werden nun an anderen – muslimischen – Orten gehandelt bzw. verkauft.

Die Sri Lanker sind der Meinung, dass überall auf der Insel Edelsteine zu finden sind. Zum Beispiel wurden vor dem Bau des Hafens in Hambantota an der Südküste die Schürfrechte für das vorgesehene Bauland verkauft und tatsächlich wurden beträchtliche Menge an Saphiren und Halbedelsteinen gefunden.

In der Nähe von Hikkaduwa findet man den blauen Mondstein. Dieser braucht zur Entstehung Süß- und Salzwasser in der richtigen Zusammensetzung. Die Minen kann man besichtigen, es wird gezeigt, wie nach alter Tradition geschürft wird. Nur Mondsteine im Alter zwischen 3.000 und 10.000 Jahren werden verarbeitet, die jüngeren haben noch keinen schönen, milchigen Glanz, die älteren zerbröckeln. Der Legende nach kann man hellsichtig werden, wenn

man zur Stunde des Vollmondes einen Mondstein auf die Zunge legt. Man darf daran glauben, kann daran zweifeln oder man probiert es aus.

Beim Beginn der Grabungsarbeiten darf ein Astrologe keinesfalls fehlen. Nachdem sich der Finanzier die Schürfrechte gesichert bzw. gekauft hat, wird der Astrologe gerufen – ein männlicher, Frauen haben bei dieser Arbeit nichts zu suchen. Der Astrologe prüft nun die Horoskope der an der Mine beteiligten Personen und kann feststellen, wie erfolgreich die Schürfung sein wird, bzw. wann der beste Zeitpunkt zum Beginn ist. Eine 24-stündige Puja, zelebriert von einem Priester, kann an dieser Stelle auch nicht schaden.

Zur vorgeschriebenen Stunde klettert nun der Mineur, bekleidet wie seit alters her nur mit einem Lendenschurz, in die bis zu zehn Meter tiefe Mine, ersucht die Götter um Glück und reichen Fund und beginnt mit der Arbeit.

Auch heute werden, wie schon seit tausenden von Jahren, die Minen sehr primitiv angelegt. Holzstämme werden zum Abgrenzen und Abstützen der Mine verwendet, Wasser wird über Schläuche und Pumpen in die Schächte geleitet und das aufgeweichte Erdreich wird in Körben zu Tage befördert. Sofort ist ein Vorarbeiter zur Stelle, um das erste Auswaschen zu überwachen und größere Edelsteine sofort an sich zu nehmen. Die übrigen Steine werden nun nochmals in einer Wassergrube von Erdreich und Schmutz gereinigt und der Edel-

⇦ *Edelsteinsucher*   ⇧ *Blauer Mondstein*

steinfachmann kommt zum Einsatz: Er überprüft genau die Körbe auf kleinere, wertvolle Steine.

Die Zauberworte für eine erfolgreiche Edelsteinsuche sind: Geduld, exzellentes Sehvermögen, keine Abneigung gegen harte Arbeit in feuchter Umgebung und eine gehörige Portion Glück.

Nachdem Edelsteine in der Erde wachsen – wenn auch sehr, sehr langsam – wird nach singhalesischem Glauben angenommen, dass sie leben. Um sie nach dem Schürfen nicht zu „töten", legt man sie in Wasser, damit ihr Glanz, ihr Leuchten und ihr Strahlen erhalten bleibt. Erst nach dem Schleifen sind diese Eigenschaften konserviert und der Edelstein kann getragen werden.

Edelsteine sind auf Sri Lanka nicht nur eine Wertanlage, aufgrund ihrer magischen Kraft werden sie oft als Glücksbringer getragen. Fast jeder Sri-Lanker hat einen goldenen Ring mit neun verschiedenen Edelsteinen; jeder dieser Edelsteine hat eine bestimmte Schutzfunktion bzw. soll dem Träger Glück bringen. Eine weitere Legende aus dem alten Ceylon erzählt folgende Geschichte: Ein junger Prinz trug einen großen Edelstein, ein Katzenauge, um sich vor Giftanschlägen zu schützen. Er überstand sieben solcher Attentate und zum glücklichen Ende konnte er den Thron besteigen.

Bewilligungen zum Schürfen werden vom entsprechenden Ministerium in Colombo nur vereinzelt erteilt und sind sehr kostspielig. Selbstverständlich muss auch für das Land, auf dem geschürft wird, eine Pacht bezahlt werden. Zum Schluss wird noch vom Staat eine Steuer in Höhe von 2,5 % des Verkaufswertes der Edelsteine eingehoben.

Minen betreiben hauptsächlich Singhalesen, der Handel erfolgt ausschließlich durch Muslime. Der Wert eines Edelsteines kann erst nach dem Schleifen richtig geschätzt werden und somit erzielen die Händler die größeren Gewinne.

Leider werden auf Sri Lanka Edelsteine teilweise „gelasert" und mit kräftigerer, jedoch nicht echter, Farbe versehen und angeboten. Diese Steine verlieren im Laufe der Zeit diese Farbe. Auch werden synthetische Steine und Glassteine angeboten. Vorsicht beim Kauf ist allemal angeraten!

Reis

Reis

Edelsteinminen liegen meist in Reisfeldern. Weshalb? – Das konnte mir niemand beantworten. Meine Erklärung dazu ist, dass in der Gegend um Rathnapura auch sehr viel Landwirtschaft betrieben wird und deswegen zwangsläufig die Minen sich auf landwirtschaftlichen Flächen, auf Reisfeldern, befinden.

Mit einem Augenzwinkern gesteht man, dass ein Sri-Lanker einen Tag ohne Reis nicht überleben würde! Reis ist nun mal das Hauptnahrungsmittel.

Auf Sri Lanka werden derzeit etwa fünfzehn Reissorten kultiviert, zu Zeiten der singhalesischen Könige waren es über dreißig. Die Bevölkerung ist in der Reisfrage sehr eigen, jeder will nur „seinen eigenen Reis" essen, auf gar keinen Fall Reis aus einem anderen Anbaugebiet. Reis ist hier demnach CO^2-neutral – Europa könnte sich etwas abschauen.

Die meisten Familien essen auch heute noch dreimal pro Tag eine üppige Portion Reis, morgens – mittags – abends, jedes Mal frisch gekocht und mit anderen Beilagen, den verschiedenen Currys. Eine typische Hausfrau verbringt somit fast den ganzen Tag in der Küche.

Schon um fünf Uhr früh weht Curry-Duft aus den Küchen. Die Hausfrau kocht bereits das Mittagessen für ihren Mann, damit er es zur Arbeit mitnehmen kann und nicht im Restaurant essen muss. Hausgemachtes schmeckt eben besser und man kennt die Qualität der Zutaten. Nicht alle Restaurantküchen sind wirklich sauber und der Magen kann nach einem Auswärts-Essen schon mal rebellieren.

Reis wird auf Sri Lanka meist in Nassreiskulturen angebaut. Ein ziemlicher Arbeitsaufwand und – da die achthundert Jahre alten Bewässerungssysteme vielerorts nicht mehr richtig funktionieren – sehr wetterabhängig.

Bevor man den Reis pflanzt, wird das alte Reisstroh abgebrannt und der Boden gewendet. Abhängig von der Beschaffenheit des Bodens bzw. von der finanziellen Lage des Bauern zieht ein Traktor, ein Schlepper oder ein Wasserbüffel den Pflug. Nicht jeder Boden ist geeignet, mit Maschinen bearbeitet zu werden, viele sind einfach zu feucht, zu morastig, zu tief.

Vögel umschwärmen den pflügenden Bauer, sie hoffen auf besonders fette Würmer aus der frisch gewendeten Erdscholle. Ein wunderschöner Anblick – die Vögel, nicht die Würmer.

Nun wird in den frisch gepflügten Acker Reispflänzchen an Reispflänzchen von Hand gesetzt, die ganze Bauernfamilie ist bei dieser aufwändigen Arbeit im Einsatz. Die Reispflänzchen wurden vorher aus Reiskörnern gezogen und werden nun pikiert.

Unterschiedliche Reissorten werden zum Verkauf angeboten

Je nach Boden- und Wetterverhältnissen wird zwei- bis dreimal pro Jahr Reis angebaut und geerntet.

Nach etwa vier Monaten kann die Ernte erfolgen, ebenfalls meist noch von Hand. Der Reis wird geschnitten, gedroschen, getrocknet und geschält. Hier ist ebenfalls wieder der Einsatz der ganzen Familie gefordert. Nur ganz vereinzelt sieht man bereits Mähdrescher, die die Ernte erleichtern.

Sehr viele landwirtschaftliche Flächen liegen brach, sei es, dass es zu wenig regnet, sei es, dass den Leuten die Arbeit zu anstrengend ist. Dieses Problem gibt es auf Sri Lanka schon seit Jahrzehnten: Nach der Unabhängigkeit im Jahre 1948 erhielt jede Familie zwei Kilogramm Reis pro Familienmitglied in der Woche gratis. Mit einer Art Lebensmittelkarte erhielt man diesen in den staatlichen Geschäften. Die Qualität war nicht besonders gut, der Reis nicht besonders sauber, aber – „einem geschenkten Gaul, schaut man nicht ins Maul". Die Bauern auf Sri Lanka hatten zu dieser Zeit keine Veranlassung mehr, selbst Reis anzubauen. Man bekam ihn gratis in großen Mengen. Das Problem blieb bei der Regierung hängen: hohe Kosten für den Import von Reis aus China, brachliegende Reisfelder.

Anfang der 70er-Jahre des letzten Jahrhunderts kam Sirimawo Bandaranaike an die Macht und sie stoppte den Import von Reis und die

Reisverteilung über Nacht. Dies stellte für die Bevölkerung ein großes Problem dar, denn die Reisfelder waren verwildert. Es dauerte fast ein Jahr, bis wieder Reis geerntet werden konnte und die Versorgung gesichert war. Sri Lanka schlitterte nur knapp an einer Hungersnot vorbei.

Um die eingestellten Reiszuteilungen auszugleichen, wurden der Bevölkerung staatliche Flächen zugeteilt, auf denen man selbst Reis anbauen konnte. Durch Fleiß war es möglich, mehr Reis zu ernten, als in der Familie gebraucht wurde, somit konnte man auch noch etwas Geld durch den Verkauf verdienen.

Auch heute noch kann man vom Staat Sri Lanka landwirtschaftliche Flächen pachten, zu sehr niedrigem Pachtzins oder sogar gratis. Der Haken an der Sache ist, dass das Land erst wieder gerodet werden müsste. Aus diesem Grund wird das Angebot von der Bevölkerung nicht angenommen.

Auf zum Strand

Unsere siebentägige Rundreise ging nun mit der Nichtbesichtigung der Edelsteinmine und der Besichtigung eines Reisfeldes zu Ende, auf ging's zum Strand. Ich zerdrückte ein paar Tränen, als wir von unserem treuen Reisebegleiter, dem Grafen, Abschied nehmen mussten. Er hatte das kostspielige Triton-Hotel gebucht und war nun auf dem Weg dorthin, um auch dort die Stromversorgung lahm zu legen.

Beruwala war und ist der richtige Ort für Pauschaltouristen, hier reiht sich Strandhotel an Strandhotel. Ein vorgelagertes Riff hält die großen Wellen des Indischen Ozeans ab – Badevergnügen wie in der Badewanne mit Temperaturen um die 30 Grad Celsius.

Viele kleine Geschäfte, vom Schneider bis zum Strohhut-Händler, aber auch süße kleine Restaurants gibt es hier am Strand.

Hier hatte ich meine erste Begegnung mit einem Hummer. Wir wollten eigentlich nur einen kleinen Imbiss zu uns nehmen und bestellten Sandwiches. Ich war noch immer nicht davon geheilt. Der Kellner nahm unsere Bestellung entgegen, sein Chef wollte jedoch unbedingt ein kostspieligeres Essen „an die Frau" bringen und kam mit einem lebenden Hummer, schön drapiert auf einem Tablett, zu uns an den Tisch. Nachdem er von hinten auf mich zukam, erschrak ich dermaßen, dass ich aufsprang und alles durch die Luft wirbeln ließ – den Sessel, das Tablett, den Hummer. Das dürfte sich in Beruwala herumgesprochen

haben. Nie wieder hat uns jemand lebendigen Hummer angeboten! Palmenstrände wie am Kalenderblatt! Sri Lanka hat eine wunderbare Bauordnung: Hotels dürfen nicht höher gebaut werden als die höchste Palme. Wenn man seinen Blick über den Strand streifen lässt, stören keine Hotelkomplexe das Bild.

Die Kokospalme

Der Lebensbaum auf Sri Lanka – die Bevölkerung der Insel lebt von diesem Baum. Jedes Stück der Kokospalme ist zu gebrauchen. Kein Stück der Kokospalme wird vergeudet.

Eine Kokospalme versorgt ihren Besitzer zirka siebzig bis achtzig Jahre lang mit Kokosnüssen und Palmwedeln, dann wird sie gefällt. Das Holz ist mit diesem Alter besonders hart und widerstandsfähig.

Die Teile der Kokospalme und deren Verwendung:

1.
Das Holz der Kokospalme ist beinahe unverwüstlich und wird daher zum Hausbau verwendet. Ein Dachstuhl aus Kokosnussholz hält auch in der Nähe des Meeres, dauernd der salzigen Seeluft ausgesetzt, mehr als hundert Jahre. Der Abfall kann noch als Feuerholz verwendet werden.

2.
Die Kokosnuss setzt sich aus mehreren Teilen zusammen – die äußere, faserige Schale, die innere, harte Schale und das Fruchtfleisch. All das wird verwendet:
Aus den Fasern der äußeren Schale werden Schnüre und Seile, Teppiche und Matratzen, Spielsachen und Besen hergestellt. Früher musste man die Schalen etwa drei Monate in den Flüssen einweichen, damit die Fasern weich wurden und weiterverarbeitet werden konnten. Heutzutage hat man stärkere Maschinen und verarbeitet die Fasern frisch. Nicht verwendete Fasern werden kompostiert und ergeben einen wertvollen Dünger (Kurumba), der bereits exportiert wird.

Kokospalmen am Strand von Bentota

Die innere, harte Schale kann auf Hochglanz poliert werden und daraus werden verschiedenste Löffel (Kochlöffel, Vorlegelöffel, Esslöffel), aber auch Ziergegenstände wie Vasen und Schalen hergestellt. Das Fruchtfleisch wird mittels eines speziellen Schabers ausgekratzt und ist das Wertvollste der Kokosnuss. Die so entstandenen Kokosflocken können gleich zu Süßspeisen weiterverarbeitet werden oder aber man übergießt sie mit Wasser und gewinnt daraus die Kokosmilch. Kokosmilch ist nicht das Wasser, das sich in der Kokosnuss befindet, sondern die Flüssigkeit, die aus der Kokosflocken-Wasser-Mischung ausgedrückt wird. Kokosmilch ist Hauptbestandteil und Geschmacksgeber aller Currysoßen. Der ausgedrückte Rest kann noch maschinell ausgepresst werden, daraus wird Kokosnussöl gewonnen.

3.
Die Wedeln der Kokospalme sind nicht nur schön anzusehen, sie erfüllen auch ihren Zweck. Auch heute noch werden damit Hütten gedeckt, sei es, dass sich arme Familien kein solides Dach leisten können, sei es, dass man die traditionelle Bauweise zeigen will. Dürre Palmwedel kann man noch als Feuerholz zum Kochen verwenden.

Thambili, die Königskokosnuss

4.
Last but not least: der Arrak. In der Gegend um Beruwala wandern Toddypflücker in schwindelnden Höhen auf Kokosnussseilen von einer Palme zur nächsten. Sie schneiden die Blüte der Palme an und fangen den austretenden Saft in kleinen Töpfchen auf. Dieser Saft – Toddy – wird leicht angegoren verkauft oder zu Arrak destilliert. Arrak ist der Nationalschnaps auf Sri Lanka und ist in vielen verschiedenen Qualitätsklassen erhältlich, auch hier gilt: je älter, desto besser.

Die „normale Kokosnuss" hat eine königliche Verwandte, die Königskokosnuss, die Thambili. Aus dieser wird nur der süßliche Saft getrunken und eventuell das innere weiche Fruchtfleisch abgeschabt und gegessen. Überall an der Straße gibt es Händler, die diese wunderschön anzusehende Frucht anbieten, ganze Trauben orange-gelber Kokosnüsse hängen an den Verkaufsständen und warten auf durstige Kunden. Der Thambili-Saft ist sehr gesund, durch seinen Mineralstoffgehalt sollen Kopf und Bauchweh geheilt werden.

Die königliche Kokosnuss hat auch noch eine kaiserliche Verwandte – die goldene Thambili. Aus dieser wird Haaröl für die Damenwelt Sri Lankas hergestellt. Geölte Haare sind auf Sri Lanka nach wie vor ein Schönheitsideal, in Europa gänzlich unvorstellbar.

Mount Lavinia

Als unser erster Urlaub zu Ende ging, wurden wir ganz „pauschaltouristenmäßig" aufgesammelt und in einen Bus Richtung Flughafen gestopft. Auf dem Weg dorthin gab es mehrere Zwischenstopps, um weitere Gäste mitzunehmen. Ein Zwischenstopp war das Mount Lavinia Hotel vor den Toren Colombos. Das alte, weiße Gebäude zog mich sofort in seinen Bann. Ich wusste, ich war hier schon einmal, sehr wahrscheinlich aber nicht in diesem Leben.

Der Bau ist das ehemalige Liebesnest von Gouverneur Sir Thomas Maitland für seine Geliebte Lavinia. Anfang des 19. Jahrhundert erbaut, strahlt es noch heute seine glorreiche Vergangenheit aus. Im letzten Jahrhundert wurden an das Kolonialgebäude zwei Hotelflügel angebaut und Gäste aus nah und fern sind herzlich willkommen. In riesigen Ballsälen feiert die betuchte Bevölkerung von Colombo Hochzeiten, auf der Terrasse wird „High Tea" serviert. Richtig schön kitschig englisch: mit Kuchenwagen, livriertem Diener und allem, was sonst noch dazugehört.

Mount Lavinia war Drehort des Films „Die Brücke am Kwai"; für den Film wurde das Liebesnest kurzerhand in ein Krankenhaus umfunktioniert. Die Hauptsequenzen des Films – Bau und Sprengung der Brücke – wurden in Kithulgala, an der Straße in Richtung Hochland, gedreht. Auch heute sieht man noch die Betonfundamente im Fluss, jahrzehntelang vergessen, entwickelt sich der Platz immer mehr zu einem Ausflugsort. Nicht zuletzt dadurch, dass in der Nähe Rafting angeboten wird.

Auch wir verbrachten vor der Jahrtausendwende viele schöne Urlaube im Mount Lavinia Hotel. Dieses Hotel hat als einziges auf Sri Lanka einen Privatstrand, an dem es nicht von Strandverkäufern und Beach-Boys wimmelt, man kann so richtig die Seele baumeln lassen. Auch die elitäre Bevölkerung von Colombo lässt sich den Eintritt einiges kosten und kommt sonntags an diesen Privatstrand.

Das Essen war vorzüglich, kein Reis & Curry. Erlesene Dinner gab es im altehrwürdigen „Empire-Room".

Mittwochs gab es immer Italienische Nacht: köstliche Nudelgerichte mit italienischen Kräutern. Von der Soße Bolognaise konnte ich gar nicht genug

Mount Lavinia Hotel

bekommen, ich freute mich schon auf den nächsten Mittwoch, um wieder eine Riesenportion auf meinen Teller schaufeln zu können. Der erste Bissen – oh Graus – man hatte „meine Bolognaise" mit Leber zubereitet! Wäre ich nicht so gierig gewesen, hätte ich dies auch auf dem Täfelchen neben dem Schüsselchen lesen können.

Nun hatte ich einen Berg von mir verhasster Leber im Mund und wusste nicht, was ich damit machen sollte. Schlucken konnte ich das Zeug auf keinen Fall und auch atmen konnte ich nicht mehr, denn mir wurde schon alleine vom Geruch übel. Es blieb nur der Gang zur, ebenfalls altehrwürdigen, Toilette.

Einen weiteren Urlaub verbrachte ich mit meinem Bekannten Peter im Mount Lavinia Hotel. Peter liebt die Astronomie und wollte unbedingt das „Kreuz des Südens" beobachten und fotografieren. Bereits am Flughafen in München gab es Probleme mit seinem selbstgebauten Fernrohr. Dieses hatte er im Handgepäck verstaut und in ein altes Handtuch gewickelt. Die Kontrollen vor 2001 waren noch nicht so streng, aber dieses Teil machte den Sicherheitsbeamten trotzdem stutzig. Auf die Frage, was er denn da habe, sagte Peter kurz: „Eine Bombe". Ich dachte, so das war's – wir kommen nie nach Sri Lanka. Es ging doch noch alles gut, Peter erklärte den Beamten „sein Baby" und wir durften doch noch fliegen – mit Fernrohr im Gepäck.

Ananas, frisch von der Plantage

Im Hotel das nächste Problem für Peter: Er sprach kein Englisch, im Hotel wurde kein Deutsch gesprochen, auch nicht vom Hotelmanager, den er fragen musste, ob er auf das Hoteldach klettern und sein Fernrohr aufbauen dürfe. Irgendwie schaffte er es trotzdem – die beiden, Peter und der Hotelmanager, saßen eine ganze Nacht auf dem Dach und guckten in die Sterne.

Der Ort Mount Lavinia war für uns ein Einkaufsparadies, egal ob es der Wochenmarkt oder die kleinen Geschäfte waren. Überall konnte man etwas entdecken, was man sowieso nie brauchen würde. Gekauft wurde es trotzdem.

Bei einem späteren Urlaub fand meine Freundin Helga sogar einen Wein, der auf Sri Lanka hergestellt wurde. Selbstverständlich kauften wir einen solchen Sri-Lanka-Wein. Als wir diesen dann auf dem Balkon des Hotels tranken, sagte Helga ganz verzückt: „Hier schmeckt sogar der Wein nach tropischen Früchten". Erst viele Gläser später lasen wir auf dem Etikett, dass dieser Wein tatsächlich aus Ananas hergestellt wird.

In Mount Lavinia freundeten wir uns mit einem Fahrer des Hotels an, sein Name war Sunjeewa. Zu dieser Zeit war gerade Präsidentschafts-Wahlkampf auf Sri Lanka. Präsidentin Chandrika Kumaratunga wollte wiedergewählt werden und ihren Kampf gegen die LTTE fortsetzen.

Sunjeewa wies uns immer wieder darauf hin, dass Rundreisen zur Zeit schwierig seien, denn die Insel sei ein Pulverfass.

Trotzdem machten wir wunderschöne Tagesausflüge mit ihm. Von Colombo aus sind viele Orte und Sehenswürdigkeiten in einem Tag erreichbar. An einen Trip ins Hochland kann ich mich noch gut erinnern:

Bereits um vier Uhr früh ging es los, wir wollten ja schließlich Pinnawella, Kandy und Nuwara Eliya sehen. Irgendwann nach Kandy hängte Sunjeewa den Tachometer aus. Wir wurden stutzig und er erklärte uns, dass er für jeden gefahrenen Kilometer einen bestimmten Betrag an das Hotel zahlen musste – je weniger Kilometer – desto weniger Provision für das Hotel – und damit gut für ihn!

Die Zeit war knapp bemessen für diesen langen Ausflug. Sunjeewa wollte daher nicht, dass wir uns mittags lange in einem Restaurant aufhielten. Er hatte seine Frau ersucht, ein Picknick für uns einzupacken. So saßen wir nun inmitten von Teeplantagen und genossen Hühnchensandwiches, tropische Früchte und eiskaltes Cola. Woher das eiskalte Cola kam, ist mir bis heute ein Rätsel.

Was einige Tage zuvor kein Problem war – eine Wahlveranstaltung – gestaltete sich in Nuwara Eliya erschreckend für uns. Die Roten, die JVP, machte hier Wahlkampf – energisch, aggressiv, beängstigend und mit bösen Blicken für uns Ausländer. Wir verriegelten das Auto von innen, machten uns ganz klein, drückten uns in den Rücksitz und waren froh, als der Spuk vorüber war.

Chandrika Kumaratunga gewann diese Wahl im Jahr 1999 mit knappen 51 %. Unmittelbar davor wurde sie jedoch bei einem Anschlag im Rathaus von Colombo schwer verletzt.

Fast täglich chauffierte uns Sunjeewa nach Colombo, meist zum Einkaufen. Eines Tages war die Galle-Road, die Hauptstraße total verstopft und Sunjeewa fuhr durch Seitenstraßen. Ich konnte den Aufschriften an den Geschäften entnehmen, dass wir in Dehiwala waren und wusste sofort, dass das der Wohnort von Sunjeewa ist. Mir wurde ganz kalt und heiß, ich hatte Angst, dass er uns zu sich nach Hause einladen würde. Gottlob war dies jedoch nicht der Fall, damals hätte ich nicht gewusst, wie ich mich verhalten sollte.

In den folgenden Jahren erhielt ich oft Einladungen und immer wieder trat ich von einem Fettnäpfchen in das nächste. Übung macht den Meister, Meister bin ich zwar auch heute noch nicht, aber ein paar Grundregeln kenne ich schon, die ich Ihnen verraten möchte.

Besuch bei einer ceylonesischen Familie

Sri-Lanker sind sehr kontaktfreudig und haben keine Scheu, „Weiße" anzusprechen, zum Teil mit sehr persönlichen Fragen, die uns Europäer etwas echauffieren. Eigentlich will man nur seine Sprachkenntnisse erweitern, etwas über andere Länder erfahren und eventuell ein Geschäft anbahnen. Wenn man kein Interesse an einem Gespräch hat, kann man diesem mit einem freundlichen Nicken oder einem Lächeln aus dem Weg gehen.

Es dauert meist nicht lange, bis eine Einladung zum Tee oder zum Abendessen ausgesprochen wird. Es gilt als unhöflich, diese abzulehnen. Bei einer Einladung zum Tee nimmt man meist Kuchen (in guter Qualität in den Supermärkten erhältlich), zum Abendessen eventuell eine Flasche guten Arrak für den Hausherrn mit, der ja meist die Einladung ausgesprochen hat. In Haushaltswaren-Geschäften zu stöbern ist sehr lustig und auch meist eine Fundgrube für ein Gastgeschenk.

Betreten sie das Haus keinesfalls mit Schuhen, lassen sie diese unbedingt vor der Haustüre stehen!

Begrüßen sie die Bewohner vom Alter her absteigend. Der Gruß auf Sri Lanka lautet „Ayurbowan" und bedeute: „Wünsche ein langes Leben". Falten sie dabei ihre Hände vor der Brust und neigen leicht den Kopf. Schütteln sie auf keinen Fall die Hände ihrer Gastgeber.

Nai Miris, der schärfste Chili der Welt

Besuch bei einer ceylonesischen Familie

Abendessen bei Asoka's Familie

Legen sie das Geschenk einfach irgendwo ab und erwarten sie keinen Dank dafür, das ist auf Sri Lanka nicht üblich. Auch bei größeren Geschenken wird man sich, außer in Touristengebieten, wahrscheinlich nicht bedanken, man zeigt es auf einem anderen Weg – man erzählt Freunden, von wem man dieses oder jenes bekommen hat.

Die Mahlzeit wird zumeist allein mit dem Hausherrn gegessen. Die weiblichen Familienmitglieder servieren nur und essen später. Essen sie nicht alles auf, auch wenn sie noch so gedrängt werden. Die Frauen des Hauses freuen sich ebenfalls über ein ausgiebiges Abendessen, wenn der Gast nach Hause gegangen ist.

Anders ist es jedoch, wenn man die Familie gut kennt und mit der ganzen Familie befreundet ist. Dann wird das Essen selbstverständlich im Familienkreis eingenommen.

Meist wird Reis & Curry aufgetischt – das Nationalgericht Sri Lankas; in wohlhabenden Familien ist es möglich, dass man Hummer, Garnelen oder andere Krustentiere anbietet.

Auf Sri Lanka wird sehr scharf, mit viel Chili, gewürzt. Wenn eine Familie Besuch erwartet, nimmt man meist die Schärfe etwas zurück. Sollte das Essen für den europäischen Gaumen dennoch zu scharf sein, kann man um Kokos-

raspeln bitten und diese unter die Currys mischen. Meist wird Gästen Besteck, teilweise jedoch nur ein Löffel vorgelegt. Der Hausherr wird aber sehr stolz sein, wenn er zeigen darf, wie man mit den Fingern („Attin kanne" auf singhalesisch) isst.

Zum Essen wird meist Wasser gereicht – wahrscheinlich kommt es aus der hauseigenen Quelle oder es ist Leitungswasser von undefinierbarer Qualität. Zur eigenen Sicherheit empfiehlt es sich, eine Wasserflasche mitzubringen. Diese kann gerne angebrochen sein, so scheint es, dass man diese für unterwegs mitgebracht hat.

Teilweise mag es schwierig sein, ein Gespräch in Gang zu bringen und es am Laufen zu halten. Alltägliche Themen wie Familie und Beruf sind empfehlenswert. Politische und geschäftliche Themen sollte man erst nachdem man mit der Einstellung des Gegenübers vertraut ist ansprechen.

Essen und trinken

Das Essen hat bei den Sri-Lankern einen sehr hohen Stellenwert. Ein meist verwendeter Gruß lautet „Kävede?" – „Hast du gegessen?". Dreimal pro Tag wird warm, besser gesagt lauwarm, gegessen. Zwischendurch, um zirka 10.00 und um 16.00 Uhr, wird, nach englischer Tradition, Tee mit Milch getrunken. Ceylon Tee wird mit sehr sahnigem Milchpulver und viel Zucker angerührt. Der Kaloriengehalt dieses Tees entspricht wahrscheinlich dem einer Zwischenmahlzeit.

Zum Frühstück gibt es die größte Auswahl:
- Rotti , Fladenbrot aus Reismehl
- Kiribat, Milchreis mit Sambol (Kokosnussraspeln mit Zwiebeln, Knoblauch, Chili und Limette).
- Hoppers oder Egghoppers, eine Art Pfannkuchen, eventuell mit Ei
- Stringhoppers, eine ganz feine Art Reisnudeln mit Linsen- oder einem speziellen Fischcurry
- oder einfach nur Weißbrot mit Currys und Sambol

Meist wird zuhause, nach dem Aufstehen, nur Tee getrunken und später unterwegs gefrühstückt, in den „Boutiquen" hat man eine große Auswahl dieser Köstlichkeiten.

Zum Mittagessen darf auf keinen Fall Reis & Curry fehlen. Curry ist nicht wie in Europa ein Gewürz, sondern eine Fleisch-, Fisch- oder Gemüsesoße, deren

Basis Kokosnussmilch, viele Gewürze und noch mehr Chili ist. Neben den in Europa bekannten Gemüsesorten werden auch spezielle Zutaten verwendet, wie z. B. die Blüte der Bananenstaude oder unreife Mangos.

Gemüse wird im Hochland von Sri Lanka und an der Ostküste angebaut und ist, nach Reis und Linsen, eines der Hauptnahrungsmittel. Viele Sri-Lanker sind Vegetarier oder auch Veganer, meist aus religiöser Überzeugung. Von den anderen wird Fleisch und Fisch nur in kleinen Mengen, als eine Art Beilage, genossen. Man isst meist Hühnerfleisch, denn Schweinefleisch gilt als unrein (siehe Thema Geisterglaube) und Rindfleisch wird nicht verspeist, denn die Kuh wird als heilige Mutter und Sitz von 32.000 Göttern angesehen.

Auf Sri Lanka gibt es eine Vielzahl von Reissorten. Neben Lang- und Rundkornreis gibt es auch noch den roten, sehr schmackhaften, Landreis (Countryrice). Basmatireis wird aus Indien importiert.

Bei einem gemeinsamen Mahl wird der Reis auf einer großen Platte und die Currys in kleinen Schüsseln serviert. Jeder bedient sich selbst, indem er eine große Portion Reis auf seinen Teller schaufelt und seine Lieblingscurrys dazu nimmt. Als Beilage gibt es meist Papadam, knusprig gebackene Reismehlfladen.

Sri-Lanker essen auch heute noch mit den Fingern der rechten Hand. Am Tellerrand mischt man Reis mit den Currys und bröselt die Papadam dazu. Dann

Eine Kade, Gemischtwarenhandlung

wird die Mixtur zu einer Kugel geformt, auf Zeige-, Mittel- und Ringfinger geladen und mit dem Daumen in den Mund geschoben. Die linke Hand wird nicht verwendet, diese gilt als unrein.

Nach dem Mittagessen gibt es immer ein Dessert. Sri Lanka ist bekannt für seine köstlichen Früchte, daraus wird oft eine Fruchtplatte oder ein Fruchtsalat, teilweise mit Eiscreme, gezaubert. Auch gibt es sehr süße Puddings; Wataladam ist eine Art Karamellpudding aus sehr stark gebräuntem Zucker und ist der Abschluss eines jeden Festmahls. Eine besonders leckere Nachspeise ist „Kiri Penny", sehr sahniger Büffeljoghurt mit dem Sirup der Kittulpalme.

Das Abendessen wird sehr spät, nach 21:00 Uhr, eingenommen und besteht oft wieder aus Rice & Curry, selbstverständlich frisch gekocht. Allmählich geht man jedoch dazu über, den Reis durch Weißbrot zu ersetzen, Currys dürfen jedoch keinesfalls fehlen.

Der beste Durstlöscher auf Sri Lanka ist der Saft der Königskokosnuss, der Thambili. Wie bereits erwähnt, wird im Gegensatz zur normalen Kokosnuss von der Thambili nur der Saft getrunken, eventuell auch noch das ganz weiche Fruchtfleisch an der Innenseite abgeschabt und gegessen. Die Thambili wird vom Verkäufer direkt vor den Augen des Käufers aufgeschlagen. Es empfiehlt sich, den Saft ohne angebotenen Strohhalm, direkt aus der Nuss, zu trinken.

Limonaden, auch die international bekannter Handelsmarken, sind auf Sri Lanka sehr süß. Es ist empfehlenswert, diese mit Sodawasser zu strecken. Als eine der besten Limonaden gilt das Ginger-Beer, durch den Ingwer hat es einen leicht scharfen, aber angenehmen Geschmack. Der Name täuscht, es ist eine Limonade und kein alkoholhaltiges Getränk.

Der frische Saft der Palmblüte – der Toddy – wird an Ort und Stelle leicht vergoren angeboten. Der Saft hat in etwa den Alkoholgehalt von Bier und wirkt etwas berauschend.

Um das beliebteste alkoholische Getränk der Insel, den Arrak, herzustellen, wird der Toddy destilliert.

Mit dem herrlich frischen Wasser des Hochlandes kann man auch wunderbar Bier brauen, das bekannteste Bier auf Sri Lanka ist das „Lion Lager". Geschmacklich kann es mit den ausländischen, importierten Bieren mithalten, ist aber vom Preis her wesentlich günstiger.

Außerhalb der Touristenzentren, so auch in Colombo, darf in der Zeit zwischen 14:00 und 17:00 Uhr in den Restaurants kein Alkohol ausgeschenkt werden. Dies ist Gesetz auf Sri Lanka und wird auch streng – von Polizisten in Zivil – kontrolliert.

Essen und trinken

Linsen, das zweite Hauptnahrungsmittel auf Sri Lanka

Landwirtschaft

Ein Großteil der Bevölkerung auf Sri Lanka lebt nach wie vor von der Landwirtschaft und verdient damit auch gutes Geld. Bauern sind die zweithöchste Kaste unter den Singhalesen und demnach hoch angesehen. Nachdem in der Regel in derselben Kaste geheiratet wird – Bauerntöchter heiraten Bauernsöhne – ist der Fortbestand gewährleistet und private Farmen mit mehreren hundert Rindern sind nicht selten.

Hier ist es aber auch noch möglich, mit nur ein paar Kühen seine Familie zu ernähren, in Europa undenkbar. Wie das funktioniert, ist mir ein Rätsel, denn die Milch ist meist günstiger als Tafelwasser.

Auf Sri Lanka gibt es für die Landwirtschaft keinen großen Fördertopf, wie ihn die EU zur Verfügung stellt. Förderungen gibt es aber trotzdem. Nachdem die Regierung bemüht ist, den Bedarf an Milch und Milchprodukten der Insel selbst zu decken und den Import des überall präsenten Milchpulvers stoppen will, verschenkt (!) man Milchkühe. Eine gute Milchkuh hat in etwa einen Wert

Wasserbüffel

von 25.000 Sri Lanka Rupien. Das entspricht etwa einem Monatseinkommen.

Kühe von Kleinbauern laufen meist frei herum und sind Selbstversorger, sie organisieren ihr Leben individuell: Paarung, Nachwuchs, Fressen – der Bauer muss sich um diese Dinge auf Sri Lanka nicht kümmern. Die Kühe kommen nur zur Melkzeit kurz nach Hause und gehen dann wieder ihre eigenen Wege.

Viehtransporte sind auf Sri Lanka so gut wie verboten, meist geschehen diese unerlaubt in der Nacht. So auch im Mai 2009: Ein mit Kühen beladener LKW war von Tissamaharama nach Dharga-Town zum dortigen Schlachthof der Muslime unterwegs. Der Fahrer schlief kurz vor dem Ziel ein, der LKW landete im Straßengraben und kippte um. Acht Tiere waren sofort tot, die anderen wurden von der Polizei freigelassen. Von da an waren sie herrenlos und ihr neues Zuhause war die Galle-Road.

Da ich auf einem kleinen Bauernhof im Salzkammergut aufwuchs, interessiere ich mich auch auf Sri Lanka für alles, was mit Landwirtschaft und Milchwirtschaft zu tun hat. Besonders Büffelherden sind etwas Wunderschönes, sehr stolze Tiere, die sich durch nichts und niemanden aus der Ruhe bringen lassen. Schade nur, dass sie in der singhalesischen Sprache als „dumme Kuh" bezeichnet werden: Miharaka. „Haraka" ist die Kuh, die Vorsilbe „Mi" steht für dumm.

Kiri Penni

Dies ist das Lieblings-Dessert auf Sri Lanka. Die Übersetzung von Kiri ist Milch, die von Penni ist Honig. Nein, das Dessert ist nicht eine einfache Honigmilch, sondern etwas viel Besseres: salmig-cremiger Büffeljoghurt mit einem Sirup von der Kittulpalme. Der Kaloriengehalt ist ungewiss, das ist wahrscheinlich auch besser so.

Die Gegend um Tissamaharama im Südosten der Insel ist für seinen Joghurt sehr berühmt, hier wird nicht nur Büffeljoghurt, sondern auch Joghurt aus Kuhmilch direkt an der Straße angeboten. Der Verkauf an vorbeifahrende Touristen und Pilger (Tissamaharama liegt auf dem Weg zum berühmten Wallfahrtsort Kataragama) ist weitaus effizienter als der Verkauf an Zwischenhändler, so reiht sich an der Hauptstraße Verkaufsstand an Verkaufsstand. Auf verdorrten Reisfeldern sieht man bis zum Horizont Rinderherden weiden.

Kiri Penni

Rast an einem Kiri-Stand

Während eines Ausfluges machten auch wir Pause und genossen diese Köstlichkeit. Auf der Terrasse eines Verkaufsstandes ließen wir uns nieder und der Bauer erzählte uns voller Stolz von seiner Rinderherde und der Kiriproduktion.

Dieser Bauer hat eine Herde von über vierhundert Stück Rindern. Jeden Morgen, nur einmal am Tag, wird von Hand gemolken – pro Kuh ein Liter Milch. Diese deutlich unter dem EU-Durchschnitt liegende Menge begründet der Bauer mit der Qualität des Futters und weist darauf hin, dass auch die Kälbchen bei der Kuh sind und Milch brauchen. Im Hochland, bei kraftvollem Grünfutter, gibt eine Sri-Lanka-Kuh auch schon mal zehn Liter Milch pro Tag.

Unser Bauer hat demnach pro Tag zirka dreihundert Liter Milch zur Verfügung – ein Teil der Rinder steht vor der Geburt und gibt daher keine Milch – und verarbeitet die gesamte Menge zu Kiri, zu Joghurt.

Die Milch wird zwei Stunden lang gekocht und in Tontöpfe (ca. 20 cm im Durchmesser, ca. 5 cm hoch) abgefüllt. Nun wird Joghurt vom Vortag mit Wasser verschlagen, bis es eine honigzähe Masse ergibt. Diese Masse wird zur Milch in den Tontöpfen gegeben und untergehoben. Bereits am Abend ist der Joghurt gestockt und kann gegessen werden. Da es keinerlei künstliche Zusatzstoffe gibt und die Kühlung ausschließlich durch die Tonschale erfolgt, ist

Rinder in Arugam Bay

Kiri nur drei Tage haltbar. Eine gute Qualität erkennt man daran, dass der Joghurt aus einem gestürzten Topf nicht heraus fließt.

Kühe sind auf Sri Lanka nur für die Milchproduktion interessant, Rindfleisch ist nicht wertvoll, da es dafür fast keinen Markt gibt. Nach hinduistischem, aber auch buddhistischem Glauben ist die Kuh wegen der Milchproduktion als „Mutter" anzusehen und daher heilig.

Transport per Bahn

Eines Tages fuhr ich mit dem Zug die Westküste entlang, der Zug stoppte planmäßig in Hikkaduwa und wollte gar nicht mehr weiterfahren. Neugierig verließ ich meinen Sitzplatz und suchte nach dem Grund für den langen Stopp: Unmengen von Tonschüsseln mit Joghurt, fast ein ganzer Waggon voll, wurden von Hand ausgeladen und am Bahnsteig gestapelt.

Zeit bedeutet auf Sri Lanka gar nichts, niemand regt sich auf, wenn der Zug eine Stunde oder mehr Verspätung hat, niemand regt sich auf, wenn ein Freund zu einer Verabredung einen halben Tag zu spät kommt.

Arbeitskraft ist günstig und alles wird von Hand verladen und abgeladen, auf Paletten gepackte Ware gibt es nicht. Auch nicht im Export, die Ware wird in die Container von Hand geladen. Ein Exportartikel und somit Devisenbringer ist Kautschuk, hier eine kleine Geschichte über die Latexproduktion.

Gummibaum

Nein, damit ist nicht der Gummibaum gemeint, der unsere heimatlichen Wohnzimmer ziert. Damit bezeichnet man auf Sri Lanka die Bäume, von denen Rohkautschuk gewonnen wird.

Die englischen Kolonialherren brachten seinerzeit diese Pflanzen aus Brasilien mit und seither ist Kautschuk ein Hauptexportartikel von Sri Lanka.

Wenn man über die Insel fährt, sieht man immer wieder die leicht vom

⇦ *Salzsee an der Südostküste*   ⇧ *Latex, die Milch des Gummibaumes*

Wind geneigten Bäume, deren Stamm sich in etwa zwei Metern Höhe teilt. Nachdem der Weltmarktpreis für Rohkautschuk wieder gestiegen ist, wurden seinerzeit gerodete Plantagen wieder neu bepflanzt.

Ein kleiner Gummibaum darf zirka fünf Jahre wachsen, erst dann wird er angezapft: Bis zur Hälfte des Umfanges des Baumes schnitzt man mit einem sehr scharfen Messer Kerben in die Rinde und fängt die Kautschukmilch – das Latex – in einem kleinen Tontöpfchen oder in einer Kokosnussschale auf. Meist wird der Baum am frühen Morgen angeschnitten, erstens ist es zu dieser Zeit für die Arbeiter noch nicht so heiß und zweitens fließt die weiße Kautschukmilch am Morgen besser. Am kommenden Tag wird etwa drei Millimeter ober- oder unterhalb eine weitere Kerbe gesetzt und wenn die eine Baumseite komplett aufgeschnitten ist, wird die gleiche Prozedur auf der anderen Seite fortgesetzt.

Gummibäume kann man fünfunddreißig bis fünfzig Jahre „melken", je nach Beschaffenheit des Bodens und Pflege des Baumes. Im Februar verliert der Baum seine Blätter und man darf in diesem und dem darauffolgenden Monat nicht ernten. Der Baum hätte einfach keine Kraft dazu, er würde eingehen.

Viele Hausfrauen und Pensionäre bessern sich ihr Taschengeld mit dieser morgendlichen Tätigkeit auf. Am späten Vormittag wird dann der Inhalt der Töpfchen eingesammelt und in kleinen Fabriken weiterverarbeitet. Die Kautschukmilch wird gereinigt und zur Gerinnung mit Essigsäure versetzt. Mit speziellen Werkzeugen wird der Rohkautschuk bearbeitet, geknetet, ausgewalkt, in der Sonne getrocknet oder geräuchert. In den Fabriken entstehen so verschiedene Qualitätsklassen.

Der größte Teil der Rohkautschukmatten, die in den kleinen Fabriken auf Sri Lanka hergestellt werden, gehen in den Export. Früher gab es eine große Reifenfabrik in Kelaniya, nördlich von Colombo. Hier wurden LKW- und Autobusreifen hergestellt. In der Regierungszeit von Chandrika Kumaratunga wurde diese Fabrik jedoch geschlossen. Heutzutage werden nur noch von den Firmen „Lotus" und „DSI" Fahrradreifen und Gummisandalen hergestellt.

Kolonialherren

Nachdem im vorherigen Kapitel dieses Thema bereits angeschnitten wurde, geht es damit gleich weiter:

Kolonialherren

Anfang des 16. Jahrhunderts kamen die Portugiesen zum ersten Mal nach Sri Lanka, um Tauschhandel zu betreiben. Sie brachten europäische Kleidung, Stoffe, etc. mit und tauschten diese gegen Edelsteine und wertvolle Antiquitäten. Viele portugiesische Wörter für die mitgebrachten Waren wurden in die singhalesische Sprache aufgenommen – z. B. Tischtuch, Mesa Redda.

Fischer am Strand bemerkten die Ankunft der Portugiesen, sie liefen sofort ins Dorf, um die Neuigkeit zu erzählen: „Parangia" sind angekommen. Mit „Parangia" bezeichnet man auf singhalesisch großflächige Pigmentstörungen der Haut. Nachdem die Haut der Portugiesen weiß war, waren die Einheimischen der Meinung, die Neuankömmlinge wären von dieser Krankheit befallen.

Alle wollten diese „Parangia" sehen, eilten zum Strand und versteckten sich im Gebüsch.

Die Portugiesen waren zwischenzeitlich an Land gegangen und zur Feier des Tages – wieder an Land zu sein – gab es ein Festmahl: Weißbrot und Rotwein. Die Einheimischen erschreckten sich abermals: Die „Parangia" essen Marmorsteine (Weißbrot) und trinken dazu Blut (Rotwein).

Für die ansässige Bevölkerung war dies alles sehr furchteinflößend und so war es für die Portugiesen relativ einfach, Teile von Ceylon zu unterwerfen.

Die Portugiesen führten Schulen auf Sri Lanka ein, sie ließen Schulgebäude

Holländisches Fort in Galle

errichten, die über Jahrhunderte Bestand hatten. Auch brachten sie Schiefertafeln mit, um den Kindern darauf schreiben zu lehren. Zuvor zeichnete der Lehrer die Schriftzeichen in den Sand und die Schulkinder malten nach, ebenfalls im Sand.

Die Portugiesen brachten auch Brot und Backwaren auf die Insel und bauten Bäckereien. Bis zu deren Ankunft kannten die Einheimischen kein Brot – man glaubte ja, sie essen Marmorsteine.

Der Einfluss der Portugiesen wurde immer größer und zirka 100 Jahre später war ein Großteil der Insel unter ihrer Herrschaft. Dies blieb in Europa keinesfalls unbeobachtet und im Jahre 1638 kamen die Niederländer, die sich mit den Weddhas, den Ureinwohnern, verbündeten und nach 20-jährigen Auseinandersetzungen die Portugiesen vertrieben.

Die Niederländer bauten zu ihrer Sicherheit Forts im europäischen Stil, die man auch heute noch besichtigen kann. Das größte und berühmteste Fort befindet sich in Galle, es gibt aber auch noch weitere niederländische Forts in Matara, ganz im Süden der Insel sowie in Jaffna, ganz im Norden.

Ende des 18. Jahrhunderts kamen die Engländer und machten die Insel, mit Ausnahme des Königsreiches Kandy, zur britischen Kronkolonie. Weder die Portugiesen noch die Holländer konnten Kandy und deren Könige besiegen, dies gelang erst 1815, nach über zwei Jahrhunderten, den Engländern. Da sich Kandy am längsten den Kolonialherren widersetzen konnte, schlägt das singhalesische Herz auch heute noch in Kandy!

Die Ceylonesen waren größtenteils sehr unglücklich über die Kolonialherren, z. B. führten die Engländer eine „Bruststeuer" ein: Wenn ein Baby von der Mutter gestillt wurde, musste man dafür Steuern bezahlen – für viele arme Familien ein großes Problem. Man wollte dadurch verhindern, dass sich die einheimische Bevölkerung zu stark vermehrt.

Auch musste für jedes Haustier – Hund, Katze, Papagei,… – Steuer bezahlt werden.

Den Engländern sind jedoch die noch heute wichtigsten Exportgüter zu verdanken: der Ceylon Tee und der Rohkautschuk. Ohne die Kolonialherren wäre man wahrscheinlich nie auf die Idee gekommen, diese Pflanzen zu kultivieren.

Weiters veranlassten die Engländer den Bau der Eisenbahnlinien und den Ausbau der Straßen, um die Exportgüter zu den Häfen transportieren zu können. Davor gab es nur unbefestigte Wege, die mit Ochsenkarren befahren wurden und sich in der Regenzeit in Schlamm verwandelten. Da es auf Sri Lanka viele große Flüsse gibt, waren auch Boote zu dieser Zeit ein gängiges Beförderungs- und Fortbewegungsmittel.

Zug fährt im Bahnhof von Bentota ein

Als die Engländer Ceylon verließen, war es den heimischen Regierungen nicht mehr möglich, das Eisenbahnnetz zu erweitern.

Im zweiten Weltkrieg brachten die Kolonialherren schwarzafrikanische Kriegsgefangene nach Ceylon. Mit Fuß- und Handfesseln wurden sie zum Straßenbau bzw. zu anderen Schwerstarbeiten herangezogen. Eine Geschichte erzählt, dass die Gefangenen sogar Mundfesseln erhielten. Die heimische Bevölkerung war der Meinung, dass es sich hier um Menschenfresser handelte, die den singhalesischen Mädchen die Brüste abbeißen wollten. Ein Teil der Kriegsgefangenen erlangte die Freiheit und vermischte sich mit der singhalesischen Bevölkerung. Nachkommen erkennt man auch heute noch an der dunkleren Hautfarbe und an den afrikanischen Gesichtszügen.

Ebenfalls im zweiten Weltkrieg rekrutierte England viele Ceylonesen; ein Großteil dieser Soldaten kam nicht wieder zurück. Die rückkehrenden Männer hatten eine gute militärische Ausbildung und so manche Sri-Lanker sind heute der Meinung, dass die Engländer dadurch um ihr Leben fürchteten und die Kronkolonie Ceylon in die Freiheit entließen.

Am 4. Februar 1948 erhielt Ceylon seine Unabhängigkeit. Bis heute sind jedoch noch 80 % der Gesetze von Sri Lanka kolonialen Ursprungs.

Bentota

Die Jahrtausendwende brachte auch für mich und meine Sri-Lanka-Urlaube eine Wende. Der englische „TV-Travel-Shop" brachte einen Bericht über Sri Lanka und stellte ein neues Hotel vor, das „Taj Exotica". Sofort war ich von diesem Hotel hin und weg und rief sogleich meine Freundin Helga an, um ihr unser neues Reiseziel bekanntzugeben: Bentota.

Mit diesem ersten Aufenthalt in Bentota änderte sich mein Bild von Sri Lanka grundsätzlich. Obwohl wir in einem Luxushotel abgestiegen waren, hatten wir sofort viel Kontakt zur heimischen Bevölkerung. Daraus sollten sich wirkliche Freundschaften entwickeln, nicht so Pseudo-Freundschaften wie „Wir sehen uns ja nächstes Jahr wieder …".

Im Taj Exotica-Hotel durften wir als Zaungäste eine Hindi-Hochzeit miterleben: sehr fremd, sehr aufregend für uns. Wir hatten es uns gerade im Hotelgarten auf Liegen gemütlich gemacht, da kam auch schon ein Mann mit zwei Helfern und einer blauen Kiste daher. Die Kiste war etwa zwei Meter lang, siebzig Zentimeter breit und vierzig Zentimeter hoch. Sogleich wurde diese geöffnet und mit geübten Händen bauten die drei Männer innerhalb kurzer Zeit aus dem Inhalt der Kiste einen Hindialtar, farbenfroh und wunderschön.

Kurz darauf kam auch schon der Bräutigam, ein in England lebender Tamile. Das Ritual dauerte zirka eineinhalb Stunden – nur mit dem Bräutigam, von der Braut war nichts zu sehen.

Erst viel später kam auch die Braut dazu, begleitet von vielen älteren Damen, die in wunderschöne rote Saris gehüllt waren. Braut und Bräutigam waren traditionell im tamilischen Stil gekleidet. Das Zeremoniell mit dem Brautpaar gemeinsam dauerte nur etwa eine halbe Stunde. Ist die Frau etwa auch bei der Hochzeit weniger wert? Eine Frage, die unbeantwortet blieb.

Hindialtar

In den folgenden Jahren durfte ich noch mehrere Hochzeiten miterleben, jedoch nur singhalesische. Für mich als Europäer war es anfangs sehr befremdlich, wie eine Eheanbahnung auf Sri Lanka erfolgt. Ich konnte mir einfach nicht vorstellen, dass man sich als junge Frau einfach von den Eltern verheiraten lässt, ohne dass man den zukünftigen Ehemann kennt. Nach vielen Gesprächen mit Singhalesen kann ich das System nun einigermaßen verstehen und es leuchtet mir auch ein. Es muss nicht immer die große Liebe sein, aus der eine funktionierende Ehe hervorgeht – nach Jahren ist es wahrscheinlich sehr viel wichtiger, Gemeinsamkeiten zu haben und zu leben. Diese Gemeinsamkeiten ersehen die Astrologen aus dem Horoskop, ohne einen Blick in das Horoskop wird sowieso nicht geheiratet, auch nicht bei Liebeshochzeiten.

Heiratsanbahnung

Auf Sri Lanka gibt es für Mädchen verschiedene Möglichkeiten, in die Ehe zu gehen:
- durch die Liebe
- durch die Eltern
- durch das Horoskop
- durch einen Heiratsvermittler
- durch eine Heiratsannonce

Durch die Liebe:

Was zu Zeiten der Kolonialherren seinen Ursprung nahm, wird nun auf Sri Lanka immer mehr praktiziert: eine Liebeshochzeit. Genau wie in Europa lernt sich ein junges Paar kennen und lieben, fragt einen Astrologen, wann die beste Zeit zum Heiraten ist und beginnt mit den Hochzeitsvorbereitungen. Der Weg zum Astrologen ist unumgänglich: Auch wenn sich das junge Paar noch so sehr liebt, wird auf verschiedene Aspekte im Horoskop geachtet und bei Übereinstimmung als gut befunden, bei weniger Übereinstimmung einfach übergangen. Wichtig ist jedoch trotzdem, den Hochzeitstermin anhand des Horoskops festzulegen, bzw. einen möglichst guten Zeitpunkt in den Horoskopen von Braut und Bräutigam zu finden.

◁▭ Abendstimmung in Bentota   ⬆ Liebespärchen am Tempel Kande Vihara

Durch die Eltern:

Die Eltern suchen für ihr Kind aus einer etwa gleich situierten Familie einen Partner – Geld zu Geld, Macht zu Macht. Auch hier werden die Horoskope von Braut und Bräutigam verglichen und mit etwas finanzieller Nachhilfe werden diese in den wichtigsten Punkten schon übereinstimmen.

Ein Beispiel aus dem Bekanntenkreis: Ein hübsches Mädchen, teilweise in Europa aufgewachsen, führte bereits in jungen Jahren ein gut gehendes Geschäft. Den Eltern war es wichtig, dass sie nicht unter ihren Verhältnissen heiratet und suchten einen passenden Ehemann, der auch zirka dreißig Kilometer entfernt gefunden wurde: ebenfalls eigenes, gut gehendes Geschäft und eine Zimtplantage. Die zukünftigen Eheleute durften sich zweimal kurz sehen, kurz miteinander sprechen und gaben sodann ihre Zustimmung zur Heirat. Der Horoskop-Vergleich zeigte keinerlei Defizite. Irgendetwas musste jedoch übersehen worden sein. Zwei der drei Kinder dieses Paares kamen mit Behinderungen zur Welt: Die erste Tochter ist taubstumm, das dritte Kind, ein Sohn, kam mit erheblichen körperlichen und geistigen Schäden zur Welt und verstarb mit zirka vier Jahren.

Heiratsanbahnung

Durch das Horoskop:

Wenn Eltern planen, dass die Tochter aufgrund ihres Horoskops verheiratet werden soll, darf diese niemals alleine das Haus verlassen. Es darf ihr nicht möglich sein, einen jungen Mann kennen und lieben zu lernen. Nach Beendigung der Schulzeit sitzen diese Mädchen meist nur zuhause und warten, bis der richtige Ehemann gefunden wird.

Von zwei möglichen künftigen Eheleuten wird deren Horoskop auf zwanzig verschiedene Punkte hin verglichen, vier dieser Punkte müssen unbedingt übereinstimmen, weitere fünf sind wichtig für die Ehe, Sexualität und Nachwuchs.

Die vier wichtigsten Punkte sind folgende:
1. Näget, die astrologisch errechnete, günstigste Zeit
2. Rashi, die verschiedenen Häuser im Horoskop
3. Rashi Adipetti, die Herrscher der Häuser
4. Graha, die Planeten

Diese Methode findet auch in Europa immer mehr Anhänger, auch hier werden Partnerhoroskope verglichen und auf positive und negative Aspekte hin untersucht.

Die fünf weiteren Punkte, das Eheleben betreffend:
1. Ghana, die sogenannten Menschensorten (göttlich, menschlich, teuflisch)
2. Weishe, den Elementen nach Ayurveda (Wasser, Feuer, Luft, Äther, Erde)
3. Pakshi, die zugeordneten Vögel (Kondor, Eule, Pfau,...)
4. Linge, das zugeordnete Geschlecht (männlich, weiblich, ungeschlechtlich)
5. Nadi, die Körpersäfte

Die vorige Geschichte aus dem Bekanntenkreis zeigt, dass bei dem Punkt Nadi ein Fehler gemacht worden sein dürfte. Die Körpersäfte des Paares passen nicht zueinander und aus diesem Grund wurden Kinder mit Behinderungen geboren.

Wie angeführt, werden zwanzig Punkte verglichen. In den weiteren Punkten sieht man noch, wie viele Kinder das Paar bekommen wird (auch das Geschlecht ist ersichtlich), ob die beiden geistig, körperlich und sexuell zusammenpassen.

Der Astrologe stellt seinem Auftraggeber – im Normalfall den Eltern – eine Aufstellung zur Verfügung, in der alle Punkte mit gut oder nicht gut bewertet sind. Interessierten Eltern fällt demnach sofort auf, in welchen Bereichen der

Singhalesisches Horoskop

Ehe es zu Schwierigkeiten kommen kann und welche ohne Probleme sein werden.

Im Normalfall wird die Braut den Bräutigam erst am Tag ihrer Hochzeit zu Gesicht bekommen.

Das traditionelle Sri Lanka ist der Auffassung, dass Ehen, die auf einem Horoskop basieren, besser sind als solche, die mit einer Liebesaffäre beginnen. Die Liebe kann vergehen, die Werte aus dem Horoskop bleiben ein Leben lang.

Durch einen Heiratsvermittler:

Es gibt in den Dörfern Sri Lankas die Berufsgruppe der Heiratsvermittler. Gegen finanzielle Entlohnung – etwa 10 % der Mitgift oder gegen Vereinbarung eines bestimmten Betrages – macht sich der Heiratsvermittler auf die Suche nach einem passenden Ehepartner.

Nachdem er fündig geworden ist, werden die Horoskope verglichen. Wenn alles passt, steht einer Hochzeit – und dem Geldfluss an den Heiratsvermittler – nichts mehr im Wege.

Heiratsanbahnung

Durch eine Heiratsannonce:

Sollte es mit der Schönheit der Braut oder des Bräutigams nicht zum Besten stehen oder das Horoskop negative Seiten aufweisen, ist eine Heiratsannonce angebracht. Jede Sonntagszeitung auf Sri Lanka ist voll davon.

Meist werden die Inserate von den Eltern mit Zustimmung der künftigen Braut bzw. des künftigen Bräutigams aufgegeben. Zu den üblichen Angaben über Alter und Geschlecht kommen noch: die Kaste, Tierkreiszeichen, Job und Einkommen, Besitz (Haus, Grundstücke,…) und bei Frauen selbstverständlich die Höhe der Mitgift.

In der Regel sind solche Inserate chiffriert und die Vorauswahl wird von den Eltern getroffen.

Nachdem man sich für einen Bewerber / eine Bewerberin entschieden hat, sind nun Besuche fällig: Die Eltern des Bräutigams sowie der Bräutigam selbst besuchen das Haus der Braut und es kommt zu einer ersten Begegnung der künftigen Brautleute. Diese ist in der Regel sehr kurz, nur ein kurzer Blickkontakt und wenige Worte, selbstverständlich überwacht durch die Eltern. Ein zweiter Besuch folgt: Die Eltern und Geschwister der Braut suchen das Haus des

⇧ *Heiratsannoncen*   *Hochzeit von Padmi und Asoka* ⇨

Bräutigams auf, um festzustellen, ob es der Tochter möglich sein wird, in diesem Haus zu wohnen. Die Braut selbst darf nicht mitkommen, sie sieht ihr künftiges Zuhause erst nach der Hochzeit.

In der Regel zieht die Braut in das Haus des Bräutigams bzw. in das Haus dessen Eltern. Sollte sie ein Einzelkind sein, ist das Gegenteil der Fall, denn der Tochter muss die Möglichkeit gegeben werden, sich um ihre Eltern zu kümmern.

Egal auf welchem Weg sich eine Ehe angebahnt hat, die meisten sind glücklich. Auch in heutiger Zeit, nachdem die finanzielle Absicherung nicht mehr von so großer Wichtigkeit ist – viele Frauen verdienen selbst ihr Geld – werden auf Sri Lanka vergleichsweise wenige Ehen geschieden. Es bleibt aber dennoch anzumerken, dass der Ehemann der Haushaltsvorstand ist und das Sagen hat. Erst nachdem die Ehefrau Kinder geboren hat, gleicht sich dieser Unterschied etwas aus.

Hochzeit

Der schönste Tag im Leben! Als Braut auf Sri Lanka hat man wahrscheinlich auch so manch andere Gefühle.

Nachdem sich die Eltern einig geworden sind – über das neue Zuhause, über die Höhe der Mitgift, etc. – wird Hochzeit gefeiert. Der Hochzeitstermin und auch die genaue Zeit für die verschiedenen Zeremonien (auch der Kauf des Hochzeitssaris) wird vom Astrologen festgelegt.

Der Bräutigam und ein junger Verwandter holen am Hochzeitsmorgen die Braut bei deren Eltern ab und man fährt gemeinsam zum Festplatz, meist einem Hotel. Dort warten bereits Verwandte und Freunde der Braut.

Auch eine kleine Bühne ist aufgebaut, über und über mit Blumen geschmückt. Auf dieser Bühne steht nun das Brautpaar während der gesamten Zeremonie, ein Zeremonienmeister führt durch das Programm. Die Tradition schreibt die einzelnen Punkte vor:

- mit einem goldenen Faden werden die kleinen Finger von Braut und Bräutigam zusammengebunden
- über die Hände wird Wasser gegossen
- die neuen Partner füttern sich gegenseitig mit Milchreis (Kiribat)
- sie zünden gemeinsam die Öllichter an einem großen Leuchter an
- sie geben sich gegenseitig Betelblätter als Geschenk

- die Braut erhält vom Bräutigam den Hochzeitsschmuck und den roten Sari für das zweite Fest (Homecoming)
- die Brautmutter erhält vom Bräutigam ein Geschenk, meist einen Sari

Im Anschluss daran belehrt der Zeremonienmeister die Brautleute mit dem „Astage" – er belehrt sie mit den ehelichen Pflichten: sich lieb haben, nicht fremdgehen, Kinder gut erziehen, die Eltern betreuen …

Anschließend darf das Paar die Bühne verlassen und besiegelt mit einer Unterschrift die Ehe, auch Trauzeugen und die Eltern unterschreiben.

Eine kleine Feier mit Festessen beschließt den ersten Teil der Hochzeit. Die Stimmung ist etwas angespannt, keiner – außer der Braut – weiß zu diesem Zeitpunkt, ob die „Angelegenheit" gut ausgeht (ob die Braut Jungfrau ist).

Der Astrologe bestimmt abermals, wann in die Flitterwochen aufgebrochen wird, in der Regel zwischen 15:00 und 17:00 Uhr. Das Brautpaar fährt nun gemeinsam zu einem anderen Hotel und verbringt dort seine Flitterwochen. Meist sind das nur „Flittertage", eventuell sogar nur „Flitterstunden" – die Länge dieser Zeit wird auch wieder vom Astrologen bestimmt.

Am Morgen nach der Hochzeitsnacht kommt eine Frau aus der Kaste der Wäscherinnen in das Zimmer des Ehepaars und holt das Bettlaken. Sie untersucht dieses auf Spuren der Entjungferung. Wenn alles in Ordnung ist und Blutflecken darauf zu finden sind, übergibt sie einem Mitglied der Familie der Braut einen roten Blumenstrauß und Betelblätter, dieser eilt damit sofort nach Hause und es gibt im Haus der Braut ein Feuerwerk. Alle Nachbarn sollen wissen, dass alles bestens verlaufen ist und die Braut als Jungfrau in die Ehe ging.

Natürlich kann auch das Gegenteil der Fall sein – nun gibt es zwei Möglichkeiten: Der Bräutigam übergeht dieses „Problem" und gibt sich damit zufrieden oder die Braut wird den Eltern zurückgeschickt. Dies bringt natürlich Schande über die Braut und deren Familie, sie werden geächtet.

Hochzeiten kosten auf Sri Lanka sehr viel Geld, das meiste müssen die Brauteltern bezahlen: die Bewirtung, die Mitgift. Aber auch der Hochzeitsschmuck, den der Bräutigam kaufen muss, ist sehr teuer und kostbar, er soll schließlich die Braut finanziell absichern.

Nach Ende der „Flittertage" wird ein zweites, ausgelassenes Fest gefeiert. Alle Anspannungen sind nun von Braut und Bräutigam und deren Familien abgefallen.

Die Braut trägt nun den roten Sari, den sie bei der Hochzeit vom Bräutigam geschenkt bekam sowie einen roten Brautstrauß; auch der Bräutigam trägt irgendetwas Rotes. Dieses Homecoming-Fest findet nun im Haus des Bräutigams statt, hier wird das Ehepaar von nun an leben.

Homecoming

Die Eltern der Braut kommen mit der Mitgift (nicht nur Geld, sondern auch Reis, Gewürze, Kuchen, Obst). Meist steht auch ein LKW, voll beladen mit Möbeln vor der Tür – auch die Möbel sind ein Geschenk zur Hochzeit.

Die Wäscherin kommt mit dem Bettlaken und übergibt es der Mutter des Bräutigams; alle Verwandten und Freunde kommen zum Feiern.

Es gibt wiederum ein tolles Essen, viel zu trinken, Hochzeitstorte und Musik zum Tanzen.

An dieser Stelle sei noch angemerkt, dass Asoka von Padmi bzw. deren Familie keine Mitgift angenommen hat.

Horoskop

Das Leben der Buddhisten auf Sri Lanka ist auf dem Horoskop aufgebaut. Keine Entscheidung ohne einen Gang zum Astrologen, ohne Blick in das Horoskop.

Das buddhistische Horoskop sieht dem indischen, siderischen Horoskop relativ ähnlich. Die Häuser werden in einem Quadrat eingezeichnet, Ausgangspunkt ist der Aszendent. Es werden weiters zwanzig verschiedene Punkte berechnet, vier davon sind besonders wichtig (siehe auch im Thema Hochzeitsanbahnung).

1. Näget, die Zeit
2. Rashi, die verschiedenen Häuser im Horoskop
3. Rashi Adipetti, die Herrscher der Häuser
4. Graha, die Planeten

Am besten ist es natürlich, wenn diese vier wichtigsten Punkte mit gut zu bewerten sind, je schlechter sie sind, desto schwieriger wird das Leben. Zumeist wird das Horoskop auf ein Bananenblatt geschrieben und begleitet einen Sri-Lanker ein ganzes Leben lang.

Gleich nach der Geburt eines Kindes wird ein Horoskop angefertigt. Erst wenn dieses vorliegt, ist es möglich, dem Kind einen Namen zu geben, denn der Astrologe bestimmt, mit welchem Buchstaben der Name des Kindes zu beginnen hat. In das Horoskop des Kindes wird auch die Kaste eingetragen, in die es hineingeboren worden ist.

Die Eltern sind nach der Geburt auch gleich neugierig, was aus ihrem Kind einmal werden wird. Welche Schulbildung kann es erhalten? Wird es studieren? Welchen Beruf wird es ausüben? Wird es viel Geld verdienen? Wird es einmal heiraten? Wie viele Kinder wird es bekommen? All das erfahren die Eltern gleich nach der Geburt vom Astrologen und dessen Aussagen werden keinesfalls in Frage gestellt.

Im schlechtesten Fall erhalten die Eltern vom Astrologen die Mitteilung, dass die vier wichtigsten Punkte im Horoskop des Kindes schlecht behaftet sind. In diesem Fall darf das Kind keinesfalls in der Familie leben, es würde großes Unglück bringen. Um dem auszuweichen, muss das Kind um den 3. Geburtstag (der Astrologe nennt das genaue Datum) seine Familie verlassen und bei einer anderen Familie leben bzw. im Tempel bei Mönchen aufwachsen. Die schlechten Aspekte würden sich nur im Elternhaus bemerkbar machen, die neue Familie bzw. das Kloster bleibt davon verschont. Etwa 2 % der Neugeborenen sind davon betroffen. Auch wird eine spätere Heirat dieses Kindes schwierig sein, denn auch vor der Hochzeit werden wieder genau diese vier Punkte geprüft.

Vor wichtigen Entscheidungen wird das Horoskop nach dem richtigen Zeitpunkt befragt. Wann ist der richtige Zeitpunkt für die Hochzeit, für die Grundsteinlegung des Hauses, für die Eröffnung eines neuen Geschäftes? Der Astrologe gibt den Termin, auf die

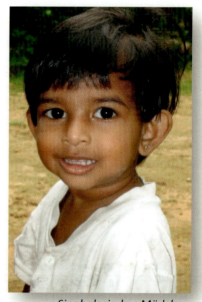

Singhalesisches Mädchen

Minute genau, bekannt und dieser wird strikt eingehalten.

Auch wenn das Leben gerade nicht so nach den eigenen Vorstellungen verläuft, wird der Astrologe zu Rate gezogen und befragt, wann sich die Zeiten wieder zum Positiven ändern werden.

Eine Astrologin hat uns erzählt, dass sie ihren Beruf als sehr anstrengend empfindet, da sie ständig Leute mit Problemen konsultieren und es sie sehr traurig macht, wenn sie keine aufbauenden Aussagen machen kann.

Asoka

Es war das Jahr 2001 und ich war mit meiner Welt fix und fertig. Ich hatte einen Speditionsjob in Salzburg, der mir nicht gefiel, ich hatte eine Wohnung, in die ich abends nicht zurückwollte und meine Freunde waren zu weit weg von mir, um einfach mal vorbeizuschauen. Ich war zerrissen, ich war nirgends mehr so richtig daheim: montags nach Salzburg, freitags zurück ins Salzkammergut.

Ein kleiner Geldsegen kam da gerade richtig. Ich ersuchte meinen Chef um Freistellung und schon saß ich im Flieger nach Sri Lanka. Sechs Wochen nur für mich, Luxus pur. Ich mietete mich in einem Gästehaus in Strandnähe ein und fühlte mich gleich zu Hause.

Diese Wochen waren für mich wie ein Traum, ausschlafen, lesen, an den Strand gehen, aufs Meer schauen und an nichts denken. In dieser Stimmung trat Asoka in mein Leben.

Ich war gerade unterwegs vom Strand nach Hause zu meinem Gästehaus, da sprach er mich in seinem Schwyzer Deutsch an. Sofort mochte ich seine ruhige Art, ganz anders als die anderen Leute, die einem den ganzen Tag die Ohren vollquatschen und etwas verkaufen wollten.

Irgendwie sahen wir uns täglich. Er erzählte mir, dass er gerade von der Schweiz nach Sri Lanka zurückgekehrt sei und sich hier wieder ein neues Leben aufbauen wolle. Er war traurig, er wäre noch gerne in der Schweiz geblieben und hätte dort gearbeitet.

Wir freundeten uns an, schon bald lud er mich zu sich nach Hause ein und kochte ein wunderbares Hühnchencurry für uns. Dabei lernte ich auch seine Mutter und seine Schwester mit Familie kennen, die nebenan ein Haus hatten.

Asoka Uhanotiva

Nach und nach erzählte er mir seine Lebensgeschichte:

Asokas ganzer Name lautet: Asoka Uhanovita Maha Ralalage. Der Ursprung dieses Namens ist relativ witzig. Hinter Elpitiya, weit im Dschungel, gibt es einen Ort mit dem Namen Uhanovita; aus diesem Ort stammt Asokas Familie. Der Urgroßvater war dort Bürgermeister, auf singhalesisch Maha Ralalage. Als nun die englischen Kolonialherren die Insel übernahmen, führten sie Vor- und Nachnamen ein und da den Urgroßvater alle Maha Ralalage riefen, erhielt er diesen Titel, inklusive des Ortsnamens, als Nachnamen.

Sein Vater arbeitete bei der staatlichen Transportgesellschaft und war Chauffeur eines Doppeldeckerbusses (Überbleibsel der englischen Kolonialherrschaft) für die Strecke Colombo – Panadura.

Der Tag, an dem Asoka geboren wurde, war für seinen Vater ein Glückstag in zweierlei Hinsicht. Zum einen wurde ihm ein Sohn geschenkt, zum anderen fand er beim abendlichen Rundgang in seinem Autobus einen alten Zementsack. Dieser dürfte den ganzen Tag am Boden gelegen haben, viele Leute trampelten darauf herum, er war zerknittert und dreckig. Asokas Vater hob diesen Sack trotzdem auf und gedankenverloren nahm er ihn mit. Auf dem Nachhauseweg erinnerte er sich wieder an diesen Sack, öffnete ihn und fand 30.000 Rupien

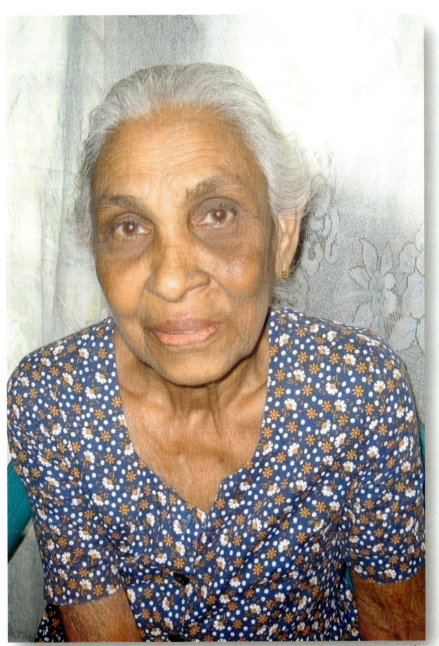
Mutter von Asoka

darin – sehr viel Geld. Da es anno dazumal kein Fundbüro oder etwas Ähnliches gab, nahm er es, als vom Schicksal gegeben, an sich. Er konnte das Geld sehr gut gebrauchen: Seine Familie mit nunmehr sieben Kindern wohnte noch immer im Haus der Schwiegereltern und so war es ihm nun möglich, ein Grundstück zu kaufen und darauf ein Haus zu errichten.

Im Jahr 1971, als die JVP einen Putschversuch startete, brauchte die Regierung erfahrene Soldaten. Asokas Vater, der im 2. Weltkrieg viele Erfahrungen sammeln konnte, wurde 55-jährig eingezogen und musste nochmals zwei Jahre bei der Armee dienen. Dies erwies sich aber auch als Glücksfall für die Familie, denn er erhielt nun das Gehalt von der Armee und das Gehalt von der Transportgesellschaft wurde ebenfalls weiterbezahlt.

Als Asokas Vater, nun 57-jährig, in Pension ging, hatte er keinen geruhsamen Lebensabend im Sinn. Er wollte noch etwas erleben. Der Tourismus befand sich zu dieser Zeit noch in den Kinderschuhen, er erkannte jedoch das Potential. Er kaufte sich einen australischen Oldtimer mit sechs Zylindern und zeigte interessierten Touristen „seine Insel". Durch seine Sprachkenntnisse aus dem Weltkrieg und seiner Weltoffenheit war er sehr beliebt und konnte durch das zusätzliche Einkommen die Familienkasse aufbessern.

Asoka war schon als Schüler ein begeisterter Maler, jeden Schulwettbewerb in Zeichnen und Malen konnte er für sich entscheiden. Damals gab es auf Sri Lanka noch Farben in sehr guter Qualität, Importware aus England, zu kaufen und das Unterrichtsfach Kunst hatte einen hohen Stellenwert. Heutzutage werden Öl- und Pastellfarben auf Sri Lanka erzeugt, die Qualität lässt zu wünschen übrig.

Asoka zeichnet und malt auch heute noch, aber nur, wenn er in der Schweiz ist. Als er mit einem Touristenvisum in die Schweiz kam und noch keine Arbeitserlaubnis hatte, widmete er sich seiner Kunst.

Auf Sri Lanka sind Künstler leider nicht hoch angesehen, es gibt kaum einen Markt für gute Bilder, Galerien fehlen fast gänzlich. In antiken Zeiten war das anders: Künstler und Maler schufen die herrlichen Fresken am Sigiriya Felsen oder in den Höhlentempeln von Dambulla, um nur die bekanntesten zu nennen.

Das Zeichnen wurde auch zu seinem Beruf. Gleich nach der Schule wurde er Vorzeichner in einer Batikmanufaktur in Bentota. Nach seinen Mustern – teilweise traditionell, teilweise modern, teilweise abstrakt – wurden Batiken angefertigt. Die Muster werden auf Stoffe kopiert und die Flächen, die hell bleiben sollen, mit flüssigem Wachs nachgezeichnet. Nun erfolgt das erste Farbbad. Anschließend werden immer weitere Wachsschichten zwischen den neuen, immer dunkler werdenden, Farbbädern aufgetragen. Die Wachsschichten werden zum Schluss durch Auskochen und Ausbügeln entfernt. Batik hat auf Sri Lanka nach wie vor einen hohen Stellenwert, gebatikte Sarongs erfreuen sich bei der Männerwelt großer Beliebtheit, bunte Wandbilder mit traditionellen Mustern aus Kandy zieren so manche Wohnung. Die Herstellung von Batik ist ein sehr zeitintensiver Prozess und die Preise sind hoch, in Touristenzentren noch höher.

In der Batikmanufaktur lernte Asoka seine zukünftige Ehefrau kennen. Asoka, gerade mal zwanzig Jahre alt, war begeistert von der hübschen Schweizerin und sie von seinen Arbeiten – und ihm. Es folgte ein dreijähriger Schriftverkehr und Asoka besuchte Abendkurse in Deutsch, damit er seiner Liebsten auch in ihrer Muttersprache schreiben konnte. Weitere Besuche der Schweizerin folgten und die Liebe wuchs. Man beschloss zu heiraten und in der Schweiz zu leben. Asoka kam mit einem Touristenvisum für drei Monate in die Schweiz, in dieser Zeit ging alles Schlag auf Schlag: Sie heirateten, Asoka bekam eine Aufenthalts- und Arbeitserlaubnis.

Eine große Spielzeugfabrik suchte Lagerpersonal, Asoka bewarb sich und erhielt den Job, da er als einer der wenigen Ausländer deutsche Zahlen richtig schreiben konnte. Da in der deutschen Sprache die Einer-Zahl vor der Zehner-Zahl gesprochen wird, hatten viele der Bewerber Probleme damit – Asoka nicht. Als Springer, immer auf Abruf, verdiente er gutes Geld in der Schweiz.

Vierzehn Jahre lebte und arbeitete Asoka in der Schweiz, dann verlagerte der Spielwarenhersteller seine Produktion ins Ausland und er wurde arbeitslos. Sechs Monate suchte er nach einem neuen Job, fand aber keinen. Untätig herumsitzen und von Sozialhilfe leben, das war nicht seine Art. Er beendete seine Beziehung und kam wieder in seine Heimat zurück, kaufte sich ein Auto und bietet seither private Rundreisen an.

Padmi

Asokas Mutter, mittlerweile schon über siebzig, wurde der Haushalt zu viel. Sie schalt Asoka, er solle sich doch endlich eine neue Frau suchen, die für ihn sorge. Nun ging er auf Brautschau und wurde auch tatsächlich fündig.

Seine Rundreisen mit Touristen führten ihn immer wieder nach Pinnawella zum Elefantenwaisenhaus. Jeden Morgen ist dort zur gleichen Zeit Fütterung der Jungtiere und Asoka war stets bemüht, zu dieser Zeit dort zu sein,

Padmi

damit seine Gäste dieses Schauspiel erleben durften.

Und immer, wenn er zum Elefantenwaisenhaus einbog, sah er eine junge Frau am Straßenrand, die auf den Bus wartete. Irgendwann winkte man sich, irgendwann grüßte man sich, irgendwann sprach man miteinander, irgendwann verabredete man sich.

Nach einer kurzen Verlobungszeit wurde im August 2004 ein rauschendes Fest gefeiert – die Hochzeit von Padmi und Asoka.

Padmi stammt aus einer Bauernfamilie mit großen Ländereien in den Bergen. Ihre Mutter musste die Landwirtschaft und die sechs Kinder alleine betreuen, da ihr Mann, Padmis Vater, früh an einem Schlangenbiss verstarb. Eine traurige Geschichte: Padmis Familie hatte eine Kobra als Haustier, während des Abendessens lag die Schlange immer unter dem Esstisch. Eines Tages geschah das Unglück – Padmis Vater dachte nicht an die Schlange, streckte sich und trat dabei unabsichtlich gegen sie. Die Kobra fühlte sich bedroht und biss zu. Leider war damals die ärztliche Versorgung in den Bergen nicht gut und der Vater starb an dem Biss.

Padmi, die als letzte der Geschwister heiratete, hängt sehr an ihrer Mutter. Wenn Asoka mit Touristen auf Rundreise geht, kommt die Mutter aus den

Bergen, damit Padmi nicht alleine sein muss. Die beiden sind auch nach der Hochzeit von Padmi noch unzertrennlich und auch Asoka hat in ihr eine zweite Mutter gefunden.

Asokas Vater

Auch an Sri Lanka ging der 2. Weltkrieg nicht spurlos vorbei. Trincomalee, einer der größten natürlichen Häfen der Erde, war Stützpunkt der Britischen Marine, von hier aus wurden die Angriffe auf Japan geführt.

Auch wurden viele Ceylonesen von den Kolonialherren rekrutiert und eingezogen; so auch der Vater von Asoka – Abraham Uhanovita Maha Ralalage. 1916 geboren, war er zu Kriegsbeginn in seinen besten Jahren und die Engländer entsandten ihn mit der Marine nach Italien. Sizilien, Neapel und Castellammare di Stábia waren die Orte, von denen er nach seiner Heimkehr erzählte.

Immer wieder berichtete er von einer Geschichte, die er im Krieg erlebte: Sein Schiff legte in einem italienischen Hafen an, die Marinesoldaten gingen von Bord. Sie sahen, dass die Einwohner des Ortes am Hauptplatz in einem großen Topf Fleisch kochten. Auf Anfrage teilten die „Köche" mit, dass sie hier das Fleisch kleiner Hunde auskochten, sie hätten großen Hunger und keine anderen Nahrungsmittel. Abraham wurde daraufhin sehr wütend und gab dem Topf einen Fußtritt, sodass sich der gesamte Inhalt über den Hauptplatz ergoss. Die Einwohner erschraken und waren wütend.

Die Marinesoldaten teilten sodann ihr Essen mit den Italienern und niemand musste an diesem Tag hungern.

Vater von Asoka

Abraham war deswegen so furchtbar wütend, da auf Sri Lanka Hunde als „niedrige Tiere" gelten und niemand ein solches Fleisch essen würde. Selbst wenn man von einem Hund gebissen wird, gilt man als gebrandmarkt und darf an verschiedenen Zeremonien nicht mehr teilnehmen.

Gleich nach Kriegsende kam Abraham wieder nach Hause und nahm ein 15-jähriges Mädchen (er war bereits über 30) zur Frau, gemeinsam hatten sie sieben Kinder und sie führten ein gutbürgerliches Leben.

Abraham brachte aus dem Krieg eine große Kiste mit, die er im Abstellraum verstaute und nie wieder eines Blickes würdigte. Nach seinem Tod öffneten die Kinder die Kiste und neben vielen Kriegsandenken fand man auch ein Foto: Abraham mit einer ihnen unbekannten Frau und zwei Kindern. Da er nie darüber sprach, vermuten nun seine Kinder auf Sri Lanka, dass er bereits in Italien eine Familie gegründet hatte, diese aber nach Kriegsende verließ, um in seine Heimat zurückzukehren. Irgendwann erinnerte man sich auch daran, dass sich der Vater Anfang der 70er-Jahre des letzten Jahrhunderts in Colombo mit Leuten aus Italien traf – waren es seine Kinder?

Nachforschungen blieben bis heute erfolglos.

Asokas Arbeit

Asoka hat sehr viel Kontakt zu Touristen, er bietet ja schließlich individuell gestaltete Rundreisen als Privatchauffeur an. Damit bleibt er mit seiner alten Heimat, der Schweiz, auch nach wie vor verbunden.

Durch ihn durfte ich immer wieder sehr interessante Menschen kennenlernen. Menschen, die wie ich den Blick auf Land und Leute richten und nicht nur einfach am Strand liegen.

Pia ist eine Freundin von Asoka, immer wieder besucht sie auch liebend gerne Sri Lanka und genießt die tropischen Früchte. Pia isst nämlich nichts Gekochtes, nur Rohkost. Vorlaut wie ich nun mal bin, sagte ich irgendwann zu ihr: „Du hast bestimmt deinen Ofen schon aus der Küche geschmissen." Meine Freundin Helga, die bei diesem Gespräch anwesend war, echauffierte sich darüber und schimpfte mich.

Seit einiger Zeit hat sich Asokas Betätigungsfeld noch erweitert. Gemeinsam mit Menschen, die von Europäern adoptiert wurden, sucht er nach den leiblichen Eltern. Vor über zwanzig Jahren war eine Auslandsadoption noch relativ einfach, wenn auch mit erheblichem Geldfluss verbunden.

Nicht immer geht die Suche gut aus. Aus Angst vor Ächtung der Familie oder auch nur aus Angst vor der Polizei trauen sich die leiblichen Mütter oft nicht, ihre Geschichte zuzugeben. Ungeklärte Geschichten und traurige Menschen bleiben zurück.

Es gibt aber auch schöne Geschichten, wie die von Sirijana, die ich kurz erzählen möchte.

Sirijana

Sirijana wurde adoptiert.
Sirijana wurde in die Schweiz adoptiert.
Sirijana wurde von Sri Lanka in die Schweiz adoptiert.

Nach einigen schwierigen Beziehungen fand sie den Mann fürs Leben und relativ schnell stellte sich Nachwuchs ein. Ein Junge. Sirijana hatte nun viel Zeit zum Nachdenken und ein Gedanke wollte nicht mehr verschwinden: Wo ist meine – leibliche – Mutter?

Eine Bekannte stellte den Kontakt zu Asoka her und nun saß sie auch schon im Flieger nach Sri Lanka – mit vier Zetteln. Auf diesen vier Zetteln war ihr Start ins Leben niedergeschrieben: Geburtsurkunde, medizinisches Gutachten, ein Zettel mit singhalesischer Schrift und eine Bestätigung, dass man sich geirrt hatte. Auf den Dokumenten gab es nämlich zwei verschiedene Geburtsdaten – einmal den 4. und einmal den 9. Juni, daher diese zusätzliche eidesstattliche Erklärung.

Als Name der Mutter war Roslin, in anderen Papieren Rosalin eingetragen, geboren 1942, Monat und Tag unbekannt. Der Zufall wollte es, dass dieser Vorname auf Sri Lanka sehr selten ist und am Postamt von Matale kannte man nur eine einzige Roslin, sie wohnte zirka zwanzig Kilometer entfernt und auch das Alter konnte hinkommen.

Sirijana und Asoka machten sich auf den Weg zu Roslin. Die wusste überhaupt nicht, wie ihr geschah. Wer kommt da aus der Schweiz? Wessen Kind sollte das sein? Nein! Sie hat nichts damit zu tun. Aus.

Ein junges Mädchen kam zum Haus von Roslin, Sirijana wie aus dem Gesicht geschnitten. Also doch – eventuell wusste das Mädchen etwas darüber? Asoka fragte sie aus und sie sagte, ihre Mutter wohne ein Stückchen weiter hinten in

Sirijana und ihre Mutter Karunawatie

einem Lehmhaus und betreibe dort eine Landwirtschaft.

Sirijana und Asoka machten sich nun auf dem Weg zu dieser Frau mit dem Namen Karunawatie. Die wurde unter der braunen Hautfarbe ganz bleich und brachte kein Wort heraus. Erst einige Tage später war sie in der Lage, ihre Geschichte zu erzählen:

Ihre Mutter, Roslin, hatte fünf Kinder, vier Jungs und sie, das Mädchen Karunawatie. Als Karunawatie fünf Jahre alt war, nahm sich der Vater das Leben, er sah sich außer Stande, seine siebenköpfige Familie zu ernähren. Roslin stand nun mit ihren fünf Kindern alleine da, im Dorf ihres Mannes, von allen geächtet, ohne Geld. Sie ging zurück in ihre alte Heimat, nach Colombo und teilte ihre Kinder unter Verwandten auf. Auch in Colombo hätte sie das Geld für die Versorgung der fünf Kinder nicht aufbringen können.

Karunawatie landete bei einer Tante in Negombo, einem Fischerdorf. Als sie zwölf Jahre alt war, gab ihre Tante ihr zu Ehren ein Fest – die erste Periode wurde, wie in vielen Familien damals üblich, gefeiert. Kurz darauf wurde Karunawatie von einem Fremden vergewaltigt und schwanger.

Im 7. Monat wurde das Kind mittels Kaiserschnitt entbunden, einem zwölfjährigen Mädchen konnte man keine normale Geburt zumuten. Die Tante ließ

Sirijana's Onkel vor seinem Lehmhaus

den Namen der Großmutter, Roslin, in die Geburtsurkunde als Mutter eintragen und gab das Kind zur Adoption frei.

Niemand aus der Familie erfuhr jemals von diesem Vorfall, weder die Großmutter noch die vier Onkel – die Tante vertuschte alles.

Über zwanzig Jahre später kam die Geschichte nun ans Tageslicht – ein hübsches Mädchen aus der Schweiz kam ins Haus und erklärte die ganze Sippe zu ihrer Familie. Nach Anfangsschwierigkeiten wurde sie liebevoll aufgenommen.

Waisenheime

Auf Sri Lanka gibt es sehr viele Waisenheime für Kinder, meist staatliche Einrichtungen. Nicht, dass die Kinder wirklich Waisen wären, oft sind es verstoßene Kinder, die dann und wann von der leiblichen Mutter besucht werden.

Nur wenige Frauen in Europa sehen sich, Gott sei Dank, in der Zwangslage, dass sie ihr Kind weggeben müssen, auf Sri Lanka kommt das sehr häufig vor. Sei es, dass ein junges Mädchen ungewollt schwanger wird, sei es, dass eine Frau ein zweites Mal heiraten will und der neue Mann mit dem Kind nicht einverstanden ist. Das klingt befremdend für europäische Ohren – in Europa würde sich eine Mutter sehr wahrscheinlich für ihr Kind und nicht für den Mann entscheiden.

Auf Sri Lanka gehen die Uhren noch anders. Der Ehemann ist der Versorger der Familie und somit hat er das Sagen. In den meisten Fällen wird er nie ein Kind akzeptieren, das nicht seines ist – Ausnahmen bestätigen die Regel. Eine verlassene Ehefrau oder eine Witwe, die nochmals heiraten will, muss sich sehr wahrscheinlich von ihrem/n Kind(ern) trennen.

Die Kinder bleiben im Heim, bis sie von der Heimmutter verheiratet werden (selbstverständlich aufgrund des Horoskops, Liebeshochzeiten sind so gut wie ausgeschlossen). Adoptionen kommen eher selten vor: Auslandsadoptionen werden von der Regierung nicht gerne gesehen und Inlandsadoptionen sind problematisch, da solche Kinder immer Außenseiter bleiben.

Waisenheime haben auf Sri Lanka bei der Bevölkerung ein hohes Ansehen und werden gefördert. Man spendet Schreibwaren und Bücher oder man feiert seinen Geburtstag dort. Nicht, dass man sich selbst feiern würde, man wendet den ganzen Vormittag auf, um ein leckeres Mahl für die Kinder zu kochen und mittags bringt man es ins Heim.

Auch die Ehe von Padmi und Asoka blieb kinderlos. Padmi hätte sich so sehr ein Baby gewünscht, es wollte aber nicht sein. Eine Adoption kommt für Asoka keineswegs in Frage, er würde sich nie „ein fremdes Kind", wie er es nennt, ins Haus holen.

Tourismus

Bereits Ende der 60er-Jahre des letzten Jahrhunderts hielt der Tourismus Einzug auf Sri Lanka. Englische Rasthäuser wurden zu schmucken Hotels umgebaut und betuchte Gäste aus Übersee verbrachten ihren Urlaub im Tropenparadies.

Zu den bekanntesten Orten in Sachen Pauschaltourismus zählen Beruwala und Bentota an der Westküste. Aber auch viele weitere schöne Plätzchen am Strand locken mit Luxushotels Besucher aus der ganzen Welt: das Fischerdorf

Nimal Kolonne, Barkeeper im Lihiniya Surf Hotel, Bentota

Negombo; Kalutera, gelegen am Kalu Ganga (dem schwarzen Fluss) mit seiner wunderschönen, begehbaren Dagoba; Unnawattuna mit seinen unzähligen Gästehäusern, um nur einige zu nennen. Abseits vom Massentourismus gibt es viele, teilweise wunderschön am Meer gelegene Gästehäuser, die familiäre Atmosphäre inmitten der Dorfgemeinschaft anbieten.
Kurz eine Geschichte zu Bentota, der Heimatgemeinde von Asoka:

Viele Jahrhunderte war Bentota ein vielgenutzter Rastplatz für Reisende, die in den Süden zu den berühmten Tempelanlagen von Galapatha oder Kataragama pilgerten. Die traumhafte Lage zwischen dem Bentota-Fluss und dem Meer lud zum Verweilen und Ausruhen ein. Die Portugiesen errichteten am Fluss ein Fort, die Engländer bauten es zu einem Rasthaus um.

Eine alte Legende erzählt, wie Bentota zu seinem Namen gekommen ist. Bentota setzt sich aus zwei Silben zusammen – Ben und Tota. Ben, eigentlich war sein Name Bem, war ein „Rakusar", ein böser Mensch, ein Dämon, der direkt am Fluss wohnte und alle in Angst und Schrecken versetzte. Tota heißt übersetzt Badeplatz, Hafen. Zu dieser Zeit gab es nur eine Fähre über den Bentota-Fluss und die Anlegestelle hieß somit Tota. Der Ortsname Bentota war geboren.

Die erste Brücke wurde um 1900 durch die englischen Kolonialherren erbaut

und erhielt eine 100-jährige Garantie.

Tatsächlich wurde sie auch nicht viel älter: Im Herbst 2008 war sie durch den Schwerverkehr so stark beschädigt, dass sie sofort gesperrt werden musste. Zum Glück war die neue Brücke schon fast fertiggestellt und so wurde diese kurzerhand für den Verkehr freigegeben. Den Bürgern von Bentota und Aluthgama, den beiden Orten an der Brücke, gefiel das überhaupt nicht – Brücken müssen doch mit einem rauschenden Fest eröffnet werden!

Bentota war schon immer der Platz, um seine Freizeit zu genießen. Das englische Rasthaus wurde um das Jahr 1967 zum Hotel „Bentota Beach" umgebaut, das noch heute durch seine schöne Architektur und die wunderbare Lage Touristen aus Nah und Fern anzieht.

Ceylonesen lebten nicht am Strand, nur einige Fischer, die dort Häuser bauten, um ihre Katamarane und Boote beaufsichtigen und Fischschwärme beobachten zu können. Der Strand wurde weitgehend als Friedhof genutzt. Als man begann, an vielen Strandabschnitten Hotels zu bauen, wurden die Gräber ins Landesinnere umgesiedelt und aus den Friedhöfen wurden Hotelgärten und Liegewiesen – teilweise sehr zum Missfallen der Bevölkerung.

Ceylonesen leben auch heute nicht am Strand. Nach dem Tsunami im Jahre 2004 erließ die Regierung ein Gesetz, dass man in Strandnähe keine Häuser

⇐ *Fischer Nihal am Strand von Bentota* ⇑ *Zimt*

errichten darf. Nur Hotels dürfen auch nach wie vor in der Strandzone gebaut werden. Die Fischer traf es besonders hart, sie sind darauf angewiesen, am Meer, bei ihren Booten und bei ihren Verkaufsständen zu sein.

Bevor der Tourismus auf Sri Lanka Einzug hielt, war die Landwirtschaft die Haupteinnahmequelle an der Westküste. Das Hinterland bestand aus Reisfeldern, Kautschuk- und Teeplantagen und Zimtgärten. Wer kein eigenes Land besaß, erhielt von der Regierung eine Parzelle zugeteilt, auf der man seinen eigenen Reis pflanzen konnte. Die Größe des zugeteilten Grundstückes richtete sich nach der Größe der Familie.

Heute ist es vielen Leuten zu mühsam, auf den Reisfeldern zu arbeiten. Viele landwirtschaftliche Flächen liegen brach und Sri Lanka ist gezwungen einen Teil seines Grundnahrungsmittels – Reis – zu importieren. Die Arbeit in den Hotels oder als „Beachboy" ist auf keinen Fall so anstrengend wie die Arbeit auf dem Reisfeld oder auf einer Plantage, meist jedoch sehr viel lukrativer.

Viele Kinder, zumeist Jungs, hängen nach der Schule am Strand ab und versuchen, den Touristen die verschiedensten Dinge zu verkaufen. Es kommt nicht selten vor, dass sie dadurch mehr verdienen als der Vater, der tagaus, tagein seiner Arbeit nachgeht. Alsbald wird die Schule immer mehr vernachlässigt und die Kinder sind nur noch am Strand.

In gutbürgerlichen Familien wird die Arbeit in Touristenhotels als niedrig angesehen und „Beachboys" sind sowieso Menschen zweiter Klasse. Der Tourismus brachte somit nicht nur einen Geldsegen über Sri Lanka. Wie sagt Asoka so schön: Wir haben auch vor den Touristen gelebt!

Regenzeit – Trockenzeit – Reisezeit

Sri Lanka kennt keine Jahreszeiten, hier gibt es Regenzeit und Trockenzeit. Seit der Jahrtausendwende, eventuell durch El Niño, hat sich das Wetter grundlegend geändert. Auch Leute, die viel Zeit in der Natur verbringen, Fischer und Bauern, können das Wetter nicht mehr vorhersagen. Als Faustregel gilt aber immer noch, dass sich nach Vollmond das Wetter ändert: Schönes Wetter vor dem Vollmond bringt Regen nach dem Vollmond und umgekehrt. An Vollmondtagen regnet es meistens.

Früher wusste man genau, dass es an der Südwestküste im Mai und im Oktober viel Niederschlag geben würde. Nun ist das anders, tagelange Regenstürme sind auch in der Trockenzeit keine Ausnahme. Anfang Januar 2008 hat es beispielsweise in Bentota zwei Wochen lang ununterbrochen geregnet, es gab fast keine Sonnenstunden, im Jahr 2009 gab es vom Jahreswechsel bis zum Vollmond im Mai überhaupt keinen Regentag. Das Wasser wurde knapp, Brunnen trockneten aus.

Tropenstürme legen das Land lahm, alles steht still. Nur die großen Überlandbusse bahnen sich ihren Weg durch die Gischt. Binnen kurzer Zeit steht alles knöcheltief unter Wasser, die Straße, das Farmland, die Gärten. Leute suchen Unterschlupf und nützen die Wartezeit zu einem Plausch.

Monsunregen, der über Tage dauert, ist vor allem in den Bergregionen ein Problem. Muren gehen ab und reißen Häuser, Bäume, Straßen, aber auch Menschen mit sich. Alle Jahre sind dadurch eine Vielzahl von Verletzten und sogar Tote zu beklagen.

In den Reisekatalogen wird immer wieder erwähnt, dass die beste Reisezeit für die Südwestküste zwischen November und April liegt. Dies kann ich auf keinen Fall bestätigten. Wenn man nicht gerade die Zeit um einen Monsunregen erwischt, hat man Aussicht auf schönes Wetter. Kleine Regenschauer können das Urlaubsvergnügen doch nicht stören!

Ich persönlich reise sehr gerne zum buddhistischen Neujahr nach Sri Lanka, das ist die Zeit um Mitte April. Alle Menschen der Insel sind zu diesem Zeitpunkt

Gewitterwolken über dem Indischen Ozean

freudig erregt und in Hochstimmung – man sieht Freizeit, Familienbesuchen und Geschenken entgegen. Eine glückliche Zeit.

Neujahr

Schön ist, dass buddhistische Singhalesen und hinduistische Tamilen zur gleichen Zeit Neujahr feiern. Das Neujahr wird auf Sri Lanka am 13. oder 14. April begangen, je nachdem ob es sich um ein Schaltjahr handelt.

Das Neujahr ist eines der größten Feste auf Sri Lanka. Staatliche Unternehmen, aber auch private Geschäfte werden für eine Woche geschlossen, damit die Angestellten Urlaub nehmen können. Jeder reist in sein Heimatdorf, um mit seiner Großfamilie – Großeltern, Eltern, Geschwister – zu feiern. Es ist ein sehr sentimentales Fest, denn auch auf Sri Lanka kommt es nicht mehr so häufig vor, dass die ganze Familie zusammentrifft.

Zuvor gibt es vom Arbeitgeber noch Geschenke, Prämien und Glückwünsche

⇧ Äpa Lita Bei jedem Neubeginn wird ein Feuer entzündet ⇨

für das neue Jahr. Die Mitarbeiter bedanken sich meist mit einem „Poem". Poems sind für Europäer unverständlich, unfassbar. Man kniet vor der Respektsperson (Eltern, Verwandte, Mönche, Arbeitgeber) nieder, faltet die Hände vor dem Kopf und senkt den Kopf zu deren Füssen. Mit europäischen Augen gesehen, eine sehr demütige Haltung – auf Sri Lanka eine Normalität. Mit einem Poem bedankt man sich bei der Mutter für das Leben, beim Vater für die Fürsorge, beim Mönch für die geistliche Obsorge, beim Arbeitgeber für den erhaltenen Lohn und entschuldigt sich für eventuelle Untaten.

Bereits zwei Wochen vor Neujahr beginnt die Hausfrau, spezielle Neujahrskuchen aus Reismehl zu backen. Das Reismehl wird nicht fertig gekauft, Reis wird zuhause von Hand zerstoßen oder gemahlen. Für die Kuchen gibt es eigene Backformen, meist religiöse Figuren. Die Backwaren werden in Kokosnussöl ausgebacken und mit Zucker bestreut oder mit Honig bestrichen – für den europäischen Geschmack sehr fett und sehr süß.

Auf Sri Lanka gibt es einen besonderen astrologischen Kalender, den „Äpa Lita". In diesem ist genau verzeichnet, wann das neue Jahr beginnt (Datum und Uhrzeit) bzw. wann die traditionellen Zeremonien durchzuführen sind.

Das Neujahr beginnt, genau wie in Europa, mit dem Altjahrstag. Der astrologische Kalender gibt an, wann „Nonagataya" beginnt, die Zeit zwischen den Jahren. In dieser Zeit darf man nicht kochen, nicht essen, nicht arbeiten, nicht duschen, keine Besuche abstatten – die Zeit steht still.

Dann endlich Neujahr! Wie alles Neue auf Sri Lanka beginnt auch das Neue Jahr mit Milchreis (Kiribat). Der Herd in der Küche wird zum vorgeschriebenen Zeitpunkt wieder in Betrieb genommen und der Milchreis zubereitet. Zur vorgeschriebenen Essenszeit füttert das Familienoberhaupt seine Familie mit dem Milchreis. Als erstes seine Frau, dann seine Kinder, dann seine Enkelkinder. Dies ist ein ganz besonderer, bewegender Moment für die ganze Familie, man spürt den Zusammenhalt.

Als Dank erhält das Familienoberhaupt Geschenke von seiner Familie – von seiner Frau einen Sarong, von den anderen Familienmitgliedern auch vorwiegend Bekleidung.

Um die Finanzen der Familie für das kommende Jahr zu schützen, füllt man eine Flasche mit Wasser am hauseigenen Brunnen. Diese wird das Jahr über im Haus aufbewahrt. Sollte Wasser während des Jahres verdunsten oder sonst irgendwie abhandenkommen, deutet man dies als schlechtes Zeichen für die finanziellen Verhältnisse.

Am nächsten Tag geht man zum Tempel, um ebenfalls Segenswünsche für das Neue Jahr zu erbeten. Bei dieser Zeremonie taucht der Mönch ein Betelblatt in Öl und bestreicht damit den Kopf des Gläubigen. Erst danach darf man sich wieder die Haare waschen. Dies stellt den Abschluss der Neujahrs-Festivitäten dar.

Neujahr ist aber auch die Zeit der Besuche bei Freunden und Verwandten, ein kleines Mitbringsel darf auf keinen Fall fehlen. Meist ist es auch hier Bekleidung, oder auch die speziellen Neujahrskuchen.

Auch Geldgeschenke sind zu Neujahr sehr beliebt; keine großen Summen, sondern frisch geprägte Münzen und neue Geldscheine. Einfach alles muss zu dieser Zeit neu sein! Geschäftspartner, Familienangehörige, ja sogar Bettler verschenken „das neue Geld" auf Betelblättern.

Neujahr ist auch die Zeit für Spiele, teilweise sehr traditionell, aber auch ganz normale Karten- und Würfelspiele um kleinere Geldbeträge. Würfelspiele kann man in Sri Lanka auch ohne Würfel spielen! Man verwendet dazu Muscheln, deren Innenseiten mit den Zahlen von eins bis sechs beschriftet sind. Nun wirft man die Muscheln auf den Tisch, die Punktezahl wird addiert. Muscheln, die mit der Außenseite nach oben fallen, haben keine Punktezahl und zählen als Null.

Für Kinder ist die Zeit um Neujahr besonders schön: neue Kleidung, neue Spielsachen, viel Besuch im Haus und Festessen.

In Urzeiten, als es noch keinen Kalender gab, zeigte die Natur den Menschen, wann es an der Zeit war, Neujahr zu feiern. Ein Vogel mit dem Namen Koha (ein schwarzbrauner Vogel mit tiefroten Augen) traf ein und erfüllte die Luft mit seinem schrecklichen Gekrächze und eine Blume mit dem Namen Beramutu begann zu blühen.

Sri Pada, der Adams Peak

Auf dem Gipfel des Adams Peak hat jemand seinen Fußabdruck hinterlassen. Es muss eine riesige Person gewesen sein: Der Fußabdruck soll eine Länge von angeblich eineinhalb Metern und eine Breite von angeblich siebzig Zentimetern haben. Angeblich deswegen, weil der Fußabdruck heute nicht mehr besichtigt werden kann. Dieser wurde zum Schutz mit einem riesigen Stein abgedeckt. Früher gab es eine andere Abdeckung mit einem Guckloch, aus dem es blau schimmerte. Der Fußabdruck soll auf einen Saphir hinterlassen worden sein.

War es Adam? War es Buddha? War es Allah? War es Shiva? Eigentlich ist es egal, wer es war, es ist doch schön, dass der Adams Peak die Religionen eint und das gemeinsame Pilgerziel ist!

Heute sieht man während der Adams-Peak-Saison, zwischen Dezember und Mai, die Figur von Gott Saman auf dem Gipfel, in der „Nebensaison" ist seine Heimat der Tempel in Rathnapura. Er, Gott Saman, war es, der zugesehen hat, wie der Fußabdruck entstand und er war es, der die Menschen darauf hinwies, dass es den Fußabdruck gibt.

Einst lebte ein Ehepaar am Fuße des Adams Peak, der blinde, unverheiratete Bruder des Ehemanns lebte ebenfalls bei der Familie. Nun geschah es, dass sich die Ehefrau etwas zu viel um ihren blinden Schwager kümmerte und dies den Ehemann rasend vor Eifersucht machte. In seiner Wut schlug er seinem Bruder kurzerhand Arme und Beine ab. Nun war der Bruder völlig hilflos – er konnte nicht sehen, nicht greifen, er konnte nicht gehen.

In seinem Elend widmete er sich dem Gebet. Eines Nachts erschien ihm Gott Saman auf seinem weißen Elefanten im Traum. Er gab ihm das Augenlicht wieder und versprach, ihm etwas Wunderbares zu zeigen. Er müsse sich vier Träger und eine Sänfte besorgen und dem Weg der ausgestreuten Jasminblüten folgen.

⇧ *Adams Peak*   *Dagoba von Tissamaharama* ⇨

Beeindruckt von der Erscheinung und von seinem wiedergewonnenen Augenlicht, rief er Leute zu sich und machte sich auf den Weg. Es ging steil bergan, viele Stunden lang. Genau zu Sonnenaufgang kamen sie zum Gipfel des Adams Peak und der Saphir strahlte im Licht der aufgehenden Sonne.
Seit dieser Entdeckung gilt der Adams Peak, der Sri Pada, als heiliger Berg.

Glaubensvielfalt

Sri Lanka ist von jeher ein Einwanderungsland: Die Singhalesen kamen von Nordindien, die Tamilen von Südindien, die Moers aus Arabien, die Kolonialherren aus Europa. Jeder brachte seine eigene Religion mit.

Der Glaube wird auf Sri Lanka gelebt. Egal zu welcher Tageszeit man einen Tempel, eine Moschee oder eine Kirche besucht, es ist immer etwas los – ganz im Gegensatz zu Europa, wo sich das kirchliche Leben meist auf den Sonntagvormittag beschränkt.

Man lebt auch den Glauben der anderen Religionsgemeinschaften mit. So geht der Buddhist zu Weihnachten genauso in eine christliche Kirche, wie der Christ zum buddhistischen Neujahr einen Tempel besucht. Der Kalender auf Sri Lanka zeigt die höchste Feiertagsrate der Welt, denn die Feiertage aller Religionen sind auch nationale Feiertage.

Die Anhänger der verschiedenen Glaubensrichtungen leben friedlich neben- und miteinander. Die Weltpresse ist es, die einen glauben macht, dass die Tamilen eine Terrorgruppe sind. In Wirklichkeit ist das nur die LTTE, die einmal mehr und einmal weniger um einen eigenen Staat im Norden und Osten Sri Lankas kämpft.

Mein Bekannten- und Freundeskreis auf Sri Lanka besteht fast nur aus Singhalesen, die sich zum Buddhismus bekennen. Daher ist es mir nur möglich, über diesen Glauben ausführlich zu schreiben.

Eine kleine, persönliche Geschichte noch dazu: Mit Freunden besuchte ich die Tempelanlage von Kelaniya in der Nähe von Colombo. Wie vorgeschrieben, zogen wir vor der Tempelmauer die Schuhe aus und besuchten das Heiligtum barfuß. Es war gerade Mittagszeit, der Sand rund um die Dagoba war von der gleißenden Sonne brennend heiß. Meine Begleiter hatten damit große Probleme und hopsten auf den Fußkanten umher; ich bemühte mich um eine ordentliche Haltung, ich wollte vor Buddha nicht herumtänzeln. Ein Mönch kam und schalt

meine Begleiter: „Seht die weiße Frau, sie geht ganz normal über den heißen Sand und ihr macht solche Faxen."

Buddhismus

Ein singhalesisches Volkslied besingt: „Nur der Mond hat alle Buddhas gesehen". Nach dem buddhistischen Glauben auf Sri Lanka gab es bis jetzt achtundzwanzig Buddhas, die ins Nirwana eingegangen sind.

Als Kalpa bezeichnet man eine Zeitspanne von jeweils etwa fünf Buddhas. Wenn eine Kalpa vorüber ist und der letzte dieser Buddhas ins Nirwana eingegangen ist, wird die jeweilige Welt zerstört. In der jetzigen Kalpa gab es bereits vier Buddhas: Sakasada, Konagama, Kashapa, Gautama, alle wurden in Asien geboren, lebten in Asien und starben in Asien. Der nächste Buddha wird Maitriya sein und irgendwann in den nächsten 2500 Jahren geboren werden. Sollte sich der buddhistische Glaube bewahrheiten, ist es mit unserer Erde vorbei, wenn Maitriya ins Nirwana eingeht.

Der letzte Buddha, Gautama, soll einst die Erleuchtung in Buddha Gaya (Indien) unter einem Bodhi-Baum erfahren haben. In Anuradhapura befindet sich angeblich ein direkter Ableger dieses Bodhi-Baumes. Im 3. Jh. v. Chr. kam der Buddhismus nach Sri Lanka und ist bis heute die wichtigste Religion im Lande. Etwa 70 % der Bevölkerung bekennen sich zum Buddhismus.

Gautama Buddha soll in seinem letzten irdischen Leben, vor der Erleuchtung, viermal Sri Lanka besucht haben. Die Orte waren:

1. Mahiyanganaya, östlich gelegen von Kandy im heutigen Gebiet der Weddhas. Hier hat Gautama einen Streit zwischen den Naga und Yaksa geschlichtet.
2. Nagadeepa ist eine vorgelagerte Insel im Norden von Sri Lanka in der Nähe von Jaffna. Zwei Königssöhne – Julodara und Mahodara – hatten einen Erbschaftsstreit um den Königsthron und um die Kronjuwelen. Gautama schlichtete diesen Streit.
   Detail am Rande: Auf Nagadeepa befindet sich ein Tempel, der während der Wirren des Bürgerkrieges zwischen den Tamil Tigers und der singhalesischen Regierung verschont blieb.
3. Kelaniya liegt in der Nähe von Colombo, am Delta des gleichnamigen Flusses. Der König von Kelaniya übergab seinen Königsthron an Gautama und dieser baute daraus eine Dagoba.

Tempel von Kelaniya

4. Sri Pada, der Adams Peak, Heiligtum aller Weltreligionen. Die Buddhisten von Sri Lanka glauben, dass Gautama mit einem Fuß auf dem Adams Peak und mit dem anderen in Mekka stand.

Der Legende nach sind der islamische und der buddhistische Glaube durch folgendes Ereignis miteinander verbunden: Eines Tages saß Gautama unterhalb eines Felsens und meditierte. Der Mönch Devadata – in der islamischen Religion Allah – sah das nicht gerne und warf einen großen Stein vom Felsen. Gautama wurde nicht getroffen. Der Stein prallte auf einem naheliegenden Felsen auf und nur eine Absplitterung traf ihn und verursachte eine kleine, blutende Wunde. Eine Darstellung davon findet man im buddhistischen Tempel Wewurukannala Vihara in Dickwella (Foto Seite 153).

Devadata wurde dafür bestraft. Eines Tages, als er Lotusblumen in einem See pflücken wollte, rutschte er aus und fiel hinein. Mit ausgestreckter Hand rief er um Hilfe: „Allah, allah", was soviel bedeutet wie: „Rausziehen, rausziehen." Niemand half und Devadata ertrank. Es ist eine Legende, die Richtigkeit des Inhalts kann nicht überprüft werden.

Im Jahre 1866 wurde Anagarikadarma Pala auf Sri Lanka geboren, ein hochstudierter Singhalese. Eines Tages stellte er fest, dass in Buddha Gaya (Indien) fast alle Einrichtungen, die an das Leben Gautamas erinnerten, zerstört worden

Buddha Gaya, Darstellung am Kande Vihara

waren. Es machte ihn traurig, denn er war der Meinung, dass man nicht an etwas glauben kann, was man nicht sieht. Er machte sich auf den Weg nach Indien und vereinbarte mit der Regierung, dass sich Sri Lanka um den Erhalt der heiligen, buddhistischen Stätten kümmern werde.

Im alltäglichen Leben spielt die Religion eine sehr große Rolle, es beginnt kein Tag, ohne frische Blumen und Räucherstäbchen am Hausaltar abzustellen und zu beten. An Vollmondtagen, aber auch wenn man Zeit, Lust und Laune hat – oder gar ein Anliegen – besucht man eine Tempelanlage. Diese besteht aus einem Bodhi-Baum (Ficus Religiosa), einer Dagoba, einem Gebäude mit Buddhastatuen und Nebenaltären mit Statuen diverser Gottheiten.

Im buddhistischen Glauben ist es nicht unbedingt erforderlich, Buddha im Tempel zu ehren. Jedes Haus hat einen eigenen Hausaltar und es genügt vollkommen, hier seine Andacht zu verrichten. Das Gebet vor dem Hausaltar ist dem Gebet im Tempel gleichgestellt.

Buddhistische Kraftplätze

In der Nähe der Orte Welawaya und Buttala, südlich des Hochlandes, gibt es zwei ganz besonders mystische, buddhistische Kraftplätze: Buduruwagala und Maligavila. Diese sind weitgehend von Touristen unentdeckt, meist kommen nur einheimische Pilgergruppen dorthin.

Buduruwagala

Ein ganz besonderer Kraftplatz – still, mystisch, friedvoll. Bei einem fünfminütigen Fußweg über kleine Treppen spürt man, dass man bei jedem Schritt ruhiger und ruhiger wird. Dann kommt man auf eine kleine Lichtung, schon sieht man die sieben wunderschönen Figuren von Buduruwagala. Nur ein paar Affen tummeln sich auf nahen Felsen, ansonsten herrscht überirdische Ruhe und ebensolcher Frieden.

Es gibt keinerlei Aufzeichnungen über das Alter dieser Statuen, ein Alter zwischen eintausend und dreitausend Jahren ist möglich.

Auf der linken Seite ist ein Theravada-Buddha mit Bodhisattwa und einer Frau zu sehen. In dieser Glaubensrichtung des Buddhismus ist es den Mönchen erlaubt, zu heiraten.

Deepankara-Buddha

Buddhistische Kraftplätze 139

Buduruwagala

Die Buddhafigur zeigt noch Reste einer weißen und orangenen Farbschicht.

In der Mitte befindet sich eine Figur, die den Deepankara-Buddha darstellt. Sein Gesichtsausdruck ist nicht von dieser Welt – Deepankara ist ein Buddha aus einer anderen Kalpe, aus einer anderen Welt. Die Gesten dieser Buddhafigur – linke Hand segnend, rechte Hand auf der rechten Schulter ruhend – heißt „Abe Mutra", mit dieser Haltung lädt Buddha ein, Sorgen und Wünsche bei ihm zu deponieren. Eine zweite Darstellung von Deepankara-Buddha gab es, lt. Aussage unseres Führers, nur noch in Afghanistan, leider wurde diese von den Taliban zerstört. Anhänger des Theravada-Buddhismus aus aller Welt kommen nun nach Buduruwagala, um diese einzigartige Figur zu sehen.

Um die Mystik dieses Ortes noch zu unterstreichen, sickert aus einer kleinen Höhle neben der zentralen Buddhafigur Sesamöl hervor. An heiligen Tagen, an Vollmondtagen, fließt etwas mehr, an normalen Tagen gerade soviel, dass sich der Felsen ölig anfühlt. Kein menschliches Wesen kann erklären, wie aus dem Felsen Öl sickern kann – geheimnisvoll, passend zu diesem Ort. Man kann sich selbst segnen, indem man in die Höhle steigt und sich das Sesamöl auf den Kopf streicht.

Auf der rechten Seite sieht man Maitriya-Buddha, den kommenden Buddha, mit Bodhisattwa und einem Gott.

Alle sieben Figuren zeigen großes handwerkliches Geschick des Bildhauers, die Ausstrahlung sucht Ihresgleichen.

Maligavila

Südlich von Buttala befindet sich ein weiterer Kraftort: die Buddhastatue und die Bodhisattwa-Figur des kommenden Buddhas Maitriya. Von Buttala aus fährt man zirka zwanzig Kilometer durch landwirtschaftlich genutztes Gebiet, um an diesen Ort zu kommen. Am Parkplatz zeugen viele Verkaufsstände davon, dass dieser Ort von einheimischen Pilgergruppen häufig frequentiert wird.

Auch hier führt ein längerer Fußweg zu den Figuren, links und rechts ragen schwarze Felsen aus der Erde, dazwischen liegen tiefe Gruben. Hier wurde, als dieser Ort noch im Dornröschenschlaf lag, nach Edelsteinen geschürft, Rubine und Saphire sollen gefunden worden sein.

Im siebten Jahrhundert n. Chr. entstanden die Figuren, über der Buddha-figur wurde später sogar ein Tempel errichtet. Gleich wie in Anuradhapura war auch diese Anlage vom Dschungel überwuchert, das Niveau des heute angrenzenden Wäldchens liegt etwa zwei Meter höher als das ursprüngliche Niveau des Tempels.

Maligavila

Im Jahr 1975 wurde die Buddhastatue – wahrscheinlich von den Edelsteinsuchern, die unter der Figur wertvolle Dinge wie Schmuck und Edelsteine vermuteten – umgestürzt. Präsident Premadasa sah fünfzehn Jahre später die Stätte der Verwüstung und veranlasste, dass die Statue wieder aufgerichtet wurde. Drei staatliche Einrichtungen mit dem nötigen Fachwissen – Transportwesen, Ingenieurswesen und Archäologisches Institut – kümmerten sich darum.

Ein Stückchen weiter befindet sich eine Bodhisattwa-Figur von Buddha Maitriya. Hier kann man sehen, wie der künftige Buddha Maitriya vor der Erleuchtung aussehen wird; viel Schmuck und schöne Kleidung zieren ihn. Zum Schutz der Statue wurde ein neues Dach erbaut, leider etwas zu niedrig, man hat das Gefühl, das Dach erdrückt das Standbild.

Die Anlage konnte jahrelang nicht besucht werden, da es in der Umgebung immer wieder Überfälle der LTTE gab. Nun erwartet dieser Ort Gäste aus aller Welt, die sich von der friedvollen Ausstrahlung begeistern lassen.

Vollmond

Im alten Ceylon gab es nur den Mondkalender. Vollmond, abnehmender Halbmond, Neumond und zunehmender Halbmond waren die arbeitsfreien Tage, eine Sieben-Tage-Woche mit Wochenenden im heutigen Sinne kannte man nicht.

Vollmondtage sind auf Sri Lanka auch heute noch Feiertage, somit ist ein Feiertag pro Monat garantiert. Besonders für ältere Frauen ist es ein Festtag, sie ziehen weiße Kleider an und verbringen den ganzen Tag, überwiegend betend, im Tempel.

Hier eine kurze Beschreibung der drei wichtigsten Vollmondtage auf Sri Lanka:

Der Vollmond im Mai ist etwas ganz Besonderes: Vesak – Buddhas Geburt, Buddhas Erleuchtung, Buddhas Tod. Ganz Sri Lanka bastelt aus Holzstäbchen, Seidenpapier und Kerzen phantasievolle Laternen, die vor dem Haus und im Haus aufgehängt werden. Selbst in den Schulen gibt es Wettbewerbe; die schönste und kreativste Laterne wird prämiert. Die Laterne soll eine Opfergabe an Buddha darstellen.

Aus Lautsprechern, die neben den Straßen befestigt sind, schallt den ganzen Tag buddhistischer Chorgesang. An den Straßen werden auch verschiedene

Minhintale

Speisen und Getränke angeboten – zur freien Entnahme; dem Wohltäter soll dies hohe Verdienste einbringen.

Buddhistische Tempel sind überfüllt mit weißgekleideten Menschen, alle wollen an diesem speziellen Tag bzw. in der anschließenden Nacht Buddha huldigen.

Der Juni-Vollmond – Posom genannt – erinnert an die Ankunft Mahindas, der den buddhistischen Glauben nach Ceylon brachte. Ashoka war König in Indien und erhob den Buddhismus dort zur Staatsreligion. Er wollte unbedingt, dass auch die benachbarte Insel – Ceylon – bekehrt wird und sandte seinen Sohn Mahinda „über die Wolken". Mahinda kam also durch die Lüfte, präsentierte sich dem singhalesischen König Devanampiya Tissa, der gerade in der Nähe von Anuradhapura zur Jagd war und überzeugte ihn und in der Folge seine Untertanen vom buddhistischen Glauben.

Der Posom-Vollmond wird demnach in Minhintale – dem Berg, auf dem Mahinda gelandet ist – besonders festlich begangen. Auch zu dieser Zeit gibt es überall Laternen als Opfergabe an Buddha.

Der Vollmond im Juli oder August – abhängig vom alten Monat Esala – wird auf der ganzen Insel mit vielen Festzügen gefeiert. An diesem Vollmond gedenkt man der Nonne Sanga Mitta, sie brachte den ersten Bodhi-Baum, einen Ableger von jenem Baum, unter dem Gautama Buddha erleuchtet worden ist, nach Sri Lanka. Dieser Baum, mittlerweile über 2300 Jahre alt, ist das Herzstück des buddhistischen Glaubens auf Sri Lanka und wird bis heute hoch verehrt. Er steht, gestützt von einem Eisengerüst und geschützt durch einen goldenen Zaun, in Anuradhapura.

An diesem Vollmondtag wirken die Straßen von Sri Lanka, die sonst immer heillos überfüllt sind, wie ausgestorben, private Geschäfte sind geschlossen. Alle haben sich auf den Weg nach Kandy gemacht und sind bei Verwandten in der Nähe der Festlichkeiten untergeschlüpft.

Der schönste und feierlichste Umzug findet in Kandy statt, aber auch verschiedene andere Orte – Kataragama, Dondra bei Matara – eifern nach.

Leben und Sterben im Namen Buddhas

Buddhistischen Mönchen ist es untersagt, selbst zu kochen. Große, reiche Tempel in Stadtnähe haben eigenes Personal, das diese „niedrigen Arbeiten" für sie verrichtet. In den Dörfern ist es Sache der Anwohner, sich um das leibliche Wohl der Mönche zu kümmern und so muss jeder Haushalt etwa einmal pro Monat für den Tempel kochen. Der Obermönch macht einen entsprechenden Plan für die „Dana", meist wird jedoch einer Familie ein bestimmter Tag im Monat zugeteilt.

Folgende Vorschriften gibt es dafür:
- das Essen muss von erstklassiger Qualität sein
- das Essen muss ohne Fleisch zubereitet sein, Fisch ist erlaubt
- das Essen darf keinesfalls vorgekostet (auch nicht abgeschmeckt) werden
- das Essen muss vor 12 Uhr mittags in den Tempel gebracht werden
- zuerst wird das Essen Buddha geopfert
- dann essen die Mönche
- dann die Familie

Hat man ein besonderes Anliegen, kann man mit den Mönchen vereinbaren, dass sie dafür beten. Auch hier sind Opfergaben – Essen, Mönchskleidung, Geldspenden – nötig. Bei größeren Anliegen ist natürlich eine große Opfergabe erforderlich: eine Buddhafigur, ein Tempelhaus, eine große Summe Geld.

Den Status der Mönche erkennt man an deren Kleidung – je dunkler, umso höher.

Auch wenn jemand stirbt, gilt es, besondere Zeremonien einzuhalten. Die Farbe des Todes auf Sri Lanka ist weiß, der Leichnam und die Trauergäste sind weiß gekleidet. Auch wird der Weg vom Haus des Toten bis zu seiner Begräbnisstätte mit weißen Fähnchen geschmückt.

Der Tote wird einbalsamiert und zuhause aufgebahrt. In der Zeit bis zum Begräbnis wird von der Familie, von Verwandten, Freunden und Nachbarn Nachtwache gehalten. Am Dienstag und Freitag finden keine Begräbnisse oder Verbrennungen statt, diese Tage sind gemäß buddhistischem Glauben „zu heiß" und dafür nicht geeignet.

Am siebten Tag nach dem Tod sollte, nach buddhistischen Glauben, der Verstorbene in den Himmel kommen. Es ist wichtig, an diesem Tag eine „Dana, die Sathweni Dawasa Dana" zu veranstalten: Ein Mönch kommt ins Haus und erzählt eine Bodhisattwa-Geschichte – eine Geschichte aus einem der 555 früheren Leben von Gautama Buddha. Vor dem Haus wird das Lieblingsessen des Verstorbenen in einem Korb bereitgestellt, ebenfalls eine neue Schlafmatte mit Kopfkissen. Man glaubt, dass der Verstorbene zum letzten Mal hier ist, sich satt isst, sich auf die Matte legt und der Geschichte des Mönches lauscht.

⇦ *Buddhastatue im Gangarama-Tempel, Colombo*   ⇧ *Pirith*

Nach drei Monaten gibt es eine weitere Zeremonie, eine weitere „Dana" im Haus des Verstorbenen. Man ist der Meinung, dass die Wiedergeburt bereits im Gange ist.

Am Jahrestag des Todes veranstaltet man eine „Pirith", die Wiedergeburt sollte mittlerweile stattgefunden haben. Es kommen zwölf Mönche ins Haus, die die „Tripita Daghama" zitieren, dies dauert die ganze Nacht, zwölf Stunden.

Teilweise spenden Angehörige etwas für den Tempel, um dem Toten eine günstige Wiedergeburt zu ermöglichen. Eigentlich ein Irrglaube, denn Buddha verkündete, dass man für seine guten Taten belohnt bzw. für seine schlechten Taten bestraft wird.

Ein verstorbener Mönch wird besonders balsamiert und sieben Tage und Nächte offen im Tempel aufgebahrt, damit die Bevölkerung Zeit zum Abschiednehmen hat. Am siebenten Tag, hier ist es egal, ob es ein Dienstag oder Freitag ist, wird der Leichnam an einem besonderen Platz eingeäschert. An diesem Platz darf vorher noch nie jemand beigesetzt worden sein, die Bevölkerung stellt solche Plätze gerne zur Verfügung, es gilt als große Ehre. Die Totenfarbe für die Mönche ist gelb.

Tempelbesuch

Bevor man einen Tempel besucht, ist es wichtig, sich zu duschen und frische Kleider anzuziehen. Schultern und Knie müssen bedeckt sein und die Schuhe müssen vor dem Tempel ausgezogen werden. Vor größeren Tempeln gibt es einen Mann, der gegen einen kleinen Obolus auf die Schuhe aufpasst, bei kleineren Tempeln lässt man sie einfach an der Tempelmauer stehen.

Vor dem Eingang zu einem Tempel gibt es verschiedene Verkaufsstände. Hier kann man alle nötigen Opfergaben kaufen, z. B. kauft man eine Schale mit Früchten, schmückt diese mit einem farbigen Kranz (Farbe abgestimmt auf die Gottheit, der man seine Anliegen vortragen will) und gibt etwas Geld dazu. Blumen, Räucherstäbchen, Öl für die Öllampen und eventuell Milchreis für die Buddhastatuen dürfen auch nicht fehlen.

Im Tempel angekommen, werden zuerst bei der Dagoba, bei der Pagode, Blumen geopfert.

Dann geht es weiter zum Bodhi-Baum. Hier kann man seine mitgebrachte, mit Wünschen versehene Gebetsfahne an den vorgesehenen Stellen aufhängen.

Man sollte unbedingt eine Spende an den Tempel in Aussicht stellen, damit sich der Wunsch erfüllt.

Anschließend wird Buddha verehrt, indem man Blumen auf der Gebetsbank ablegt und Räucherstäbchen bzw. Öllampen anzündet. Bis zur Mittagszeit darf man auch Milchreis anbieten, später nicht mehr, da buddhistische Mönche und auch Buddha nur bis Mittag Nahrung zu sich nehmen.

Für die eigentlichen Anliegen und Bitten sind jedoch die Gottheiten Kataragama und Vishnu zuständig. Der Gott Kataragama wird besonders mit Liebesangelegenheiten betraut, da er der Sage nach mit zwei Frauen gleichzeitig verheiratet war und er sich demnach in diesen Dingen auskennen sollte.

⇦ Kande Vihara ⇧ Vishnu

Den Göttern werden auch Fahrzeuge zugeordnet, so fährt der Gott Kataragama auf einem Pfau und Gott Vishnu auf einem Kondor. Beim Kauf eines neuen Kraftfahrzeuges wird einer der beiden Götter ersucht, besonders auf das Fahrzeug und dessen Besitzer aufzupassen – selbstverständlich gegen eine kleine Spende.

Den Göttern wird nun das Obst, der Kranz und das Geld geopfert, ein Priester übersetzt das Anliegen in Pali, damit es auch wirklich verstanden wird. Das Obst darf man nach der Zeremonie wieder mitnehmen und kann es vor dem Tempel selbst verspeisen oder verschenken.

An dieser Stelle sei noch die Frage geklärt, warum es in buddhistischen Tempeln viele hinduistische Götter gibt. Dies geht auf die Zeit der singhalesischen Könige zurück, diese hatten zumeist Frauen aus Indien, die sich zum hinduistischen Glauben bekannten. Zu Ehren der königlichen Frauen wurde somit auch jeder buddhistische Tempel mit Hindu-Gottheiten ausgestattet.

Der buddhistischen Lehre nach wird der Gott Vishnu der übernächste Buddha sein. Als Gautama-Buddha im Sterben lag, rief er den Gott Vishnu zu sich und ersuchte ihn, auf die Welt und auf seine Lehre zu achten.

Die Mango

Der Gott Kataragama und der Gott Ganesh waren ein göttliches Brüderpaar mit durchaus menschlichen Zügen.

Der Gott Kartaragama wird auf Sri Lanka hoch verehrt, das ganze Jahr über pilgern gläubige Buddhisten, Hindus und Muslime zu seinem Tempel im Südosten der Insel. Er ist der Nothelfer in vielen Angelegenheiten. Zum Vollmond im Juli oder August, im alten Monat Esala, geht es im Tempel von Kataragama hoch her. Gläubige Hindus lassen sich auch schon mal Pfeile in die Zunge stoßen oder Fleischer- oder Fischerhaken in den Rücken bohren – alles um Buße zu tun.

Der Gott Ganesh mit seinem Elefantenrüssel ist ein Hindugott und findet in den buddhistischen Tempeln Sri Lankas nur wenig Anerkennung.

Das Brüderpaar Kataragama und Ganesh hatte Streit. Es ging einfach um eine Mango, beide wollten diese essen. Teilen kam nicht in Frage, der Klügere der Beiden sollte sie bekommen.

Es lag nun an der Mutter, den Streit zu schlichten bzw. die Klugheit zu testen. Sie stellte den Brüdern folgende Aufgabe: „Wer als Erster das Salz umrundet und wieder hier ist, bekommt die Mango."

Kataragama schwang sich auf sein Fahrzeug, seinen Pfau, und umrundete die Erde. Unter Salz verstand er die Ozeane, das salzige Meerwasser.

Ganesh wusste, dass er mit seinem Fahrzeug, seiner Maus, keine Chance hatte. Schlau, wie er war, ging er in die Küche, umrundete das Salzfass und kam zu seiner Mutter zurück. Seine Mutter war begeistert und gab ihm die Mango.

Das Schöne an dieser Geschichte ist, dass sich Buddhisten über den von ihnen hochverehrten Gott Kataragama etwas lustig machen und dem Hindugott Ganesh die Ehre zukommen lassen.

Unfreundliche Götter

Nicht alle Götter sind hilfsbereit. Zu den unfreundlichen Göttern zählen Hunian, der Affengott und Karli mit seinen sieben Persönlichkeiten.

Für diese Götter kann man jeden Tag, oder auch nur mittwochs und samstags, nach 21:00 Uhr im Garten eine Laterne anzünden. Man muss sehr genau aufpassen und genau die Vorschriften einhalten: am betreffenden Tag keinesfalls Fisch oder Fleisch essen bzw. Alkohol trinken. Bevor man die Laterne anzündet, muss man unbedingt duschen und frische Kleidung anziehen.

Nachdem man dies drei Mal gemacht hat, sollte einem der entsprechende Gott, umgeben von betörendem Jasminduft, erscheinen.

Nun kann man diesen Gott um etwas bitten, zumeist um Reichtum. Vorsicht ist geboten – sollte man eine der Regeln nicht eingehalten haben, kann es sehr leicht zu einem Unglück kommen.

Eine kurze Geschichte dazu:

Ein Tuck-Tuck-Fahrer hatte eine Europäerin geheiratet, die Ehe war zerrüttet und sie ging wieder nach Europa zurück. Der Singhalese war darüber sehr traurig und wollte seine Frau unbedingt wieder zurück. Er befragte einen Handleser, wie er das anstellen solle. Der Handleser sagte ihm, er solle täglich, eine Woche lang, für Hunian eine Laterne im Garten anzünden und nannte ihm auch die entsprechenden Regeln. In seiner Traurigkeit übersah der Tuck-Tuck-Fahrer jedoch die Gebote und trank zwischendurch Arrak, einen Schnaps. Die Rache Hunians kam über ihn: Am dritten Tag beging er aus unerklärlichen Gründen Selbstmord, indem er Gift trank. Seine Frau kam zurück – zu seinem Begräbnis.

Glaube an Buddha – Glaube an Götter – Glaube an Geister

Bei meiner ersten Reise war ich der Meinung, dass die Bevölkerung von Sri Lanka nur an Buddha glaubt. Perl, unserem damaligen Reiseleiter, kam es gar nicht in den Sinn, uns Näheres zu erklären. Für ihn war es in Ordnung, wenn er uns von einer Buddhastatue zur nächsten schleifte und zwei Wörter über deren Entstehung sagte. Kein Wort dazu, wie man einer Buddhastatue richtig begegnet (außer, dass wir vor dem Tempel die Schuhe ausziehen mussten), kein

Wort dazu, dass auch noch Götter verehrt werden und schon gar kein Wort dazu, dass Geisterglaube eine große Rolle im Leben der Sri-Lanker spielt.

Erst viel später erzählten mir Freunde, woran sie auch noch glauben. Die vorherige Geschichte über den Gott Hunian ist ein Teil davon, es gibt aber so viel mehr. Man ist ständig auf der Hut, dass einem niemand etwas Schlechtes wünscht. Ein Stückchen Knochen, vom neidischen Nachbarn im Garten vergraben, kann einem das Leben zur Hölle machen; ein paar Haare, die in falsche Hände geraten, können Geisteskrankheiten hervorrufen.

Mittlerweile tritt dieser Glaube allmählich in den Hintergrund, junge Leute wollen nichts mehr davon wissen und die „alten Hexenmeister" sterben langsam aus. Trotzdem wird der Geisterglaube in kleinen abgelegenen Dörfern praktiziert und gelebt.

Hier ein paar kleine Beispiele. Als „Weißer" wird man nie allzu viel von diesen, sehr speziellen, Handlungen erfahren. Es war schon eine große Ehre für mich, dass man mir diese Dinge erklärte:

Kinderwunsch

Auf Sri Lanka ist es für junge Paare ein sehr großes Problem, wenn sich der Kinderwunsch nicht erfüllt. Da es hier fast kein soziales Netz, kaum eine Absicherung für das Alter gibt, müssen die Kinder diese Rolle übernehmen. Im Normalfall erbt das jüngste Kind das Haus der Familie, im Gegenzug muss es sich um die Eltern kümmern. Kinder sind nach wie vor die Lebensaufgabe der Frauen auf Sri Lanka, hat man keine, wird man automatisch zur Außenseiterin.

Die Göttin für Kindersegen ist Patini. Es gibt alte, weise Frauen, die einen besonderen Draht zu dieser Göttin haben und die eine Puja für kinderlose Paare veranstalten können. Leider gibt es nur mehr wenige von diesen Frauen, es ist wirklich schade, dass dieses traditionelle „Handwerk" nicht mehr weitergegeben wird. Eine dieser Frauen ist Kiri-Amma (Milchmutter) in Polonaruwa, auch sie ist bereits über fünfundsiebzig Jahre alt und es bleibt zu hoffen, dass sie noch lange Kinderwünsche erfüllen kann.

Eine Puja läuft folgendermaßen ab: Ein Paar mit unerfülltem Kinderwunsch kommt zur Kiri-Amma und trägt sein Anliegen vor. Es wird eine Obstschüssel hergerichtet und diese wird der Göttin Patini geopfert, die Kiri-Amma spricht

⇦ *Darstellung der Hölle im Tempel von Dickwella* ⇧ *Kiri-Amma*

dabei ein Gebet. Anschließend bekommt die Kiri-Amma noch ein Geldgeschenk und nun sollte die Frau innerhalb von drei Monaten schwanger werden. Die Erfolgsrate liegt angeblich bei siebenundneunzig Prozent.

Hausbau

Bevor ein Buddhist auf Sri Lanka ein Gebäude errichtet, muss er den Erdgott Bahirawa ersuchen, ihm das betreffende Grundstück zu überlassen. Sollte er dies verabsäumen, wird es ihm unmöglich sein, das Haus fertigzustellen bzw. wird er in diesem Haus nie glücklich werden. Es ist eine Bahirawa-Puja notwendig, die von einem ausgebildeten Dorfpriester oder Handleser durchgeführt wird.

Der Priester übergibt im Vorfeld dem Landeigner eine Liste mit Dingen, die er für die Puja besorgen muss: Kupferplatten (die vor der Zeremonie durch den Priester beschriftet werden), mit Reis gefüllte Tontöpfe, Ölfläschchen, Blumen, Räucherstäbchen, etc.

Die Puja wird in der Nacht durchgeführt. Um 21:00 Uhr setzt sich der Priester auf ein weißes Tuch vor dem Grundstück und ruft den Erdgott Bahirawa an. Gegen 2:00 Uhr früh wird dieser erscheinen und nun gibt der Priester die Weisung, die Grundstücksgrenzen mit einem weißen Faden nachzuziehen und die vorbereiteten Gegenstände in allen vier Ecken des Grundstückes gleichzeitig etwa dreißig Zentimeter tief zu vergraben. Sehr wichtig dabei ist, dass bei diesem Vorgang niemand zusieht, kein Nachbar, kein Außenstehender – nur der Priester und die vier Leute, die die Opfergaben vergraben.

Diese Zeremonie soll auch gegen Neid und Missgunst wirken.

Das Horoskop gibt an, zu welchem Zeitpunkt der Hausbau zu beginnen hat bzw. wann der erste Stein gesetzt werden muss. Von besonderer Wichtigkeit ist es, diesen ersten Stein mit einer Kostbarkeit zu versehen – sei es Gold, sei es ein ungeschliffener Edelstein: ein Geschenk an Bahirawa.

Unglücklicherweise kann es auch geschehen, dass bei der Bahirawa-Puja etwas schief läuft und Bahirawa einen Geist entsendet, der die Hausbewohner unglücklich oder krank werden lässt. Schon beim Betreten eines solchen Hauses, merkt man, dass etwas nicht stimmt: egal wie schön das Haus eingerichtet ist, egal wie sauber es ist – es strahlt einfach keine Wohnlichkeit aus, man fühlt sich darin unwohl.

In einem solchen Fall ist es möglich, nachträglich eine weitere Puja zu veranstalten – jedoch mit erheblich mehr Aufwand:

Es wird im Garten ein Loch ausgehoben, ähnlich einem Grab. In dieses Loch legt sich nun der Priester und ruft abermals Bahirawa an. Sobald Bahirawa erscheint, muss man wieder die Grundgrenzen, wie vorher angeführt, absichern.

Um den Hausgeist zu beschwichtigen, opfert man ihm ein Ei, einen Hahn, eine Königskokosnuss und Schüsseln mit vegetarischem Essen. Zum Abschluss der Zeremonie bringt der Priester diese Opfergaben – hoffentlich gemeinsam mit dem Geist – zum Friedhof, damit er dort seine Ruhe findet.

Mohini

ist ein besonders schöner, weiblicher Geist. Sie ist meist um 3:00 Uhr nachts unterwegs, trägt ihren Sari auch als Schleier und erscheint als schwangere Frau oder als Mutter mit einem Kind auf dem Arm.

Wenn man nun zu so später Stunde noch unterwegs ist und als Abendessen Schweinefleisch hatte, ist es leicht möglich, dass einem Mohini erscheint. Sie ersucht, ihr Kind zu halten, während sie sich den Sari neu drapiert. In dem Moment, in dem man das Kind zu sich nimmt, ist man verhext und muss wahrscheinlich sterben.

Viele Autofahrer, die gegen 3:00 Uhr nachts einen Unfall hatten, berichteten, sie hätten Mohini auf der Straße gesehen und mussten ihr ausweichen.

Traditionelle Heilmethoden

Die traditionelle singhalesische Medizin kennt viele Methoden der Heilung von Krankheiten, als Europäern ist uns natürlich Ayurveda am geläufigsten. Der Grundgedanke aller Heilmethoden auf Sri Lanka ist, den Körper und den Geist ins Gleichgewicht zu bringen. Schlechte Verdauung, schlechte Handlungen, schlechte Gedanken bringen den Körper bzw. den Geist ins Ungleichgewicht – es ist aber auch möglich, dass Krankheiten durch Dämonen verursacht werden.

Wenn ein Mensch von solchen Dämonen besessen ist, wird ein Teufelsaustreiber zu Hilfe gerufen und verschiedene Rituale kommen zur Anwendung, um die Dämonen zu vertreiben. Es gibt Rituale, die in einer Nacht wirken, andere benötigen zwei oder mehrere Nächte.

Der Beruf des Teufelsaustreibers bleibt meist in der Familie und wird vom Vater an den Sohn vererbt. Dieses Erbe ersetzt jedoch nicht jahrelanges Training, um das nötige Wissen zu erlangen.

Im Mittelpunkt der Rituale steht der Patient, bei einigen wird jedoch auch

Singhalesische Heilmethoden

Traditionelle Heilmethoden

die Familie hinzugezogen. Krankheiten sind nicht eine private, individuelle Sache, sie betreffen das komplette soziale Umfeld des Patienten. Im Ritual werden gestörte Beziehungen wieder geordnet und das Gleichgewicht im Körper und Geist des Patienten wieder hergestellt.

Wenn der Teufelsaustreiber feststellt, dass die Krankheit des Patienten von Dämonen hervorgerufen wird, wird der Tanz der 18 Sanni-Dämonen durchgeführt:

Es wird ein günstiger Tag und eine günstige Zeit bestimmt. Bereits am Morgen kommt der Teufelsaustreiber mit seinen Helfern ins Haus des Patienten, um alles zu arrangieren und das Haus entsprechend vorzubereiten. Zur festgelegten Zeit beginnt der erste Teil der Zeremonie: Verehrung von Buddha, Verehrung der Dhamma (Lehre des Buddha), Verehrung der Sangha (Gemeinschaft der Mönche), Götter werden eingeladen, zu helfen. Durch kraftvolle Sprüche, durch anziehende Opfergaben, durch Trommeln, durch wundervolle Tänze werden die krankmachenden Dämonen herbeigelockt.

Im zweiten Teil der Zeremonie werden die fünf Yakku - kräftige Dämonen - herbeigerufen:

1. Kalu Yakka: macht Frauen und Kinder krank, ruft erotische Träume hervor
2. Seeri Yakka: ruft Blutkrankheiten hervor
3. Sooniyam Yakka: der gemeinste dieser fünf Dämonen – am Tag erscheint er als Gott Sooniyam, aber in der Nacht zerstört er alle sozialen Beziehungen
4. Mahasona: erschreckt Leute und bringt Fieber
5. Ahimana Yakka: erschreckt ebenfalls Leute und bringt Geisteskrankheiten

Der Teufelsaustreiber versucht nun herausfinden, welcher Dämon welchen Einfluss auf den Patienten hat und der Patient gibt jedem einzelnen Dämon eine spezielle Opfergabe mit der Bitte um Gesundheit.

Der dritte Teil der Zeremonie ist der Kumara Pelapaliya, ein fürstlicher Gruppentanz. Dieser Tanz geht auf Prinz Maha Kola und seine Kameraden zurück, die 18 Sannis (Krankheiten bzw. Dämonen) werden in Versen, Tänzen und durch Trommeln dargestellt.

Diese Rituale wurden über einen langen Zeitraum wirkungsvoll angewendet, die heutige Gesellschaft verliert leider den Glauben daran und wendet sich der westlichen Medizin zu. Die beiden Heilmethoden – die rituelle und die westliche – sind total verschieden, sie sollten einander nicht im Wege stehen sondern einander ergänzen.

Achtzehn Dämonen

Auch ich durfte die Kraft und die Macht der achtzehn Dämonen erleben. Eine Bekannte von mir hat ein Ayurveda-Zentrum auf Sri Lanka. Sie hatte sich in einem Hotel eingemietet, es lief aber nicht sehr gut und die Einnahmen deckten kaum die Ausgaben. Der Arzt, der mit ihr zusammenarbeitete, riet ihr, irgendwo außerhalb ein Haus zu mieten, um nicht auf die Hotelgäste angewiesen zu sein.

Sie befolgte seinen Rat, pachtete ein wunderschönes Kolonialhaus und richtete dort ihr Ayurveda-Zentrum ein.

Wie sich später herausstellte, meinte es der Arzt nicht gut mit ihr. Es ging ihm – wie könnte es auf Sri Lanka auch anders sein – ums Geld. Der Arzt war der Ansicht, dass sie ihm Geld vorenthielt, das ihm seiner Meinung nach zustand. Nun suchte er einen Weg, um an dieses Geld zu kommen und fand ihn, indem er Provision für die Hausmiete kassierte.

Das Ayurveda-Zentrum lief auch an seinem neuen Platz nicht gut, eigentlich viel schlechter als zuvor. Eines Tages brachte der Arzt achtzehn Masken ins Ayurveda-Zentrum, die die achtzehn Krankheiten, die achtzehn Dämonen darstellen sollen und hängte sie im Vorraum auf. Ab diesem Zeitpunkt lief das Geschäft nicht mehr schlecht, es lief gar nicht mehr! Irgendwann suchte der Arzt daraufhin das Weite.

Ein Freund machte die Besitzerin des Ayurveda-Zentrums darauf aufmerksam, dass sie die „achtzehn Teufel", wie er sie nannte, verschwinden lassen sollte. Gesagt, getan, sie hängte die Masken ab, lud sie ins Auto und brachte sie dem Arzt zurück. Bereits am nächsten Tag kamen wieder Gäste ins Ayurveda-Zentrum, das Geschäft lief wieder an. Waren es wirklich die „achtzehn Teufel"? Waren es die Verwünschungen des Arztes?

Mein Ayurveda-Kurs

Das war nicht die ganze Geschichte, eigentlich fing sie – für mich – ganz anders an. Ich lernte in einem Hotel in Bentota eine Europäerin kennen. Seit

Vorbereitung einer ayurvedischen Behandlung

etwa zwanzig Jahren war sie schon auf der Insel, mit einem Singhalesen verheiratet und hatte zwei wunderhübsche Kinder (Mischlinge).

Sie betrieb das Ayurveda-Zentrum in meinem Stammhotel und irgendwann freundeten wir uns an. Am Ende meines Urlaubes fragte ich sie, ob ich bei ihr, bzw. beim Arzt, der bei ihr beschäftigt war, etwas über Ayurveda lernen könnte. Schon bald waren wir uns handelseinig und ich kam einige Monate später zurück, um einen privaten Ayurveda-Kurs zu belegen.

Es war wunderbar, dieses uralte Wissen faszinierte mich. Wie einfach doch der menschliche Körper zu funktionieren schien, wie einfach es war, ihn gesund zu erhalten. Alles nur eine Frage der Balance. Ich lernte über die Geschichte des Ayurveda, über die Elemente, über die Doshas, über die Heilkräuter – sehr viel theoretisches Wissen. Aber dann kam auch der praktische Teil: Ich lernte massieren, ich lernte die Marma-Punkte kennen, die stimuliert werden müssen, ich lernte mit der linken Hand den gleichen Druck auszuüben wie mit der rechten Hand, ich lernte und lernte.

Ich war es von zuhause gewohnt, dass meine Mama immer irgendwelche Kräuter in Schnaps oder Öl ansetzte oder dass sie auf dem Ofen eine Salbe kochte. Am schönsten fand ich es daher, die ayurvedischen Medikamente selbst herzustellen. Wir kochten ein Öl, das man nach einem Knochenbruch zum

Massieren bzw. zum Einreiben verwenden konnte. Tagelang wurden zuerst die Heilkräuter in Wasser gekocht, bis nur noch ein Achtel der Wassermenge übrig blieb, dann wurde der gefilterte Sud wieder tagelang mit Öl verkocht, bis nur noch reines Öl ohne Wasseranteil im Topf war.

Eines Tages kam die Besitzerin des Ayurveda-Zentrums mit einem Strauß Lotusblumen, die sie an einem der Blumenstände vor dem Tempel in Kalutera erstanden hatte. Der Doktor hatte diese bestellt und wollte daraus Augentopfen herstellen. Auch dieser Sud köchelte tagelang am Holzfeuer vor sich hin, bis die Augentropfen für seine Crew und seine Patienten fertig waren.

Wir besuchten den Kräutergarten der ayurvedischen Universität und die Fabrik des führenden Herstellers von ayurvedischen Arzneien. Trotz der vielen Kräuter, Rinden und Wurzeln, die angeliefert und gelagert wurden, war alles blitzsauber. In riesigen Töpfen kochten die Öle und die Kräuterweine – herrliche Düfte und Gerüche.

Drei Monate lang rauchte mir der Kopf und ich bekam vom Massage-Training Oberarme wie ein Metzger. Eines Tages schickte ich, nichtsahnend, ein Foto nach Hause, auf dem ich mit ärmelloser Bluse zu sehen war. Meine Mutter war entsetzt über meine Oberarme! Ich hatte diese muskulösen Oberarme doch von ihr geerbt, auch sie hatte ebensolche von der harten Arbeit in der Landwirtschaft.

Zum Schluss bekam ich von der Besitzerin und ihrem Ayurveda-Doktor ein wunderschönes Zertifikat. Mein Wissen wird in Europa nicht anerkannt, dafür gibt es vor Ort spezielle Ausbildungsstätten. Der Kurs hat mir aber persönlich sehr viel gebracht, ich weiß jetzt, wie mein Körper funktioniert, was ich ihm zumuten darf und ich weiß auch, was ihm schaden würde.

Ein wenig von dem theoretischen Wissen, das ich damals erlangt habe, möchte ich hier weitergeben.

Ayurveda

Wenn man Ayurveda hört, denkt man automatisch an Indien und an Sri Lanka. Dank der Tourismusindustrie wurde dieses uralte Wissen weltweit vermarktet. Die Kehrseite dieser Medaille ist jedoch, dass viele ayurvedische Kräuter, Öle und Medikamente zu überhöhten Preisen in den Export gehen und teilweise im Land selbst nicht mehr erhältlich sind.

Ayurveda

Ayurveda ist das uralte Wissen um das Leben. Wie alt dieses Wissen wirklich ist, kann heute niemand mehr sagen. Der Legende nach hat der Urvater Brahma das Wissen den Menschen gegeben, damit sie gesund bleiben und sich nicht mit Krankheiten herumschlagen müssen.

Tausende von Jahren wurde dieses Wissen mündlich in den Familien weitergegeben, erst sehr viel später wurde es auf Palmblättern niedergeschrieben. Auch heute noch gibt es auf Sri Lanka zwei verschiedene Ausbildungswege zum Ayurveda-Arzt. Entweder man studiert an der Universität, oder aber der Vater bzw. der Doktorvater gibt das Wissen weiter. Beides ist gleich anerkannt und angesehen. Zur Ausbildung eines Ayurveda-Studenten gehört nicht nur die Medizin, sondern auch die Astrologie, Religion, Philosophie und die Pharmakologie. Ein Ayurveda-Arzt muss selbstverständlich die Kräuter, Rinden und Wurzeln kennen und um deren Wirkung auf den menschlichen Körper Bescheid wissen. Auch die Verarbeitung der einzelnen Rohstoffe ist verschieden, es gibt Öle und Aristha (Kräuterweine), deren Zubereitung sich über Monate hinzieht.

Laut Ayurveda müssen die drei Doshas, die drei Körperenergien im Einklang und ausbalanciert sein, damit der Körper gesund ist. Die drei Doshas heißen Vata, Pitta und Kapha.

Lotusblumen für ayurvedische Augentropfen

Vata ist das Bewegungsprinzip, es kontrolliert die Nerven und die Zellteilung, gibt innere Stärke und Willenskraft. Eine Unterfunktion führt zu Schweregefühl im Körper, zu Trägheit – eine Überfunktion lässt den Körper austrocknen und führt zu Lähmungen, Schlaflosigkeit, Psychosen. Die Zeit für Vata ist von zwei bis sechs Uhr (morgens und nachmittags) und das Alter über fünfundsechzig Jahren. Während diesen Zeiten ist der Körper für Vata-Beschwerden besonders anfällig, alte Menschen kämpfen oft gegen Vata, gegen Austrocknung des Körpers (Haut, Gelenke, etc.).

Pitta ist das Stoffwechselprinzip. Durch den Stoffwechsel und die Verdauung bildet Pitta Körpergewebe und es kontrolliert die Körpertemperatur, Hunger- und Durstgefühl und die Sehkraft. Pitta steht für Mut, Tapferkeit, Intellekt, Klarheit und Heiterkeit. Eine Unterfunktion führt zu Verdauungsstörungen, Kältegefühl im Körper und fahlem Aussehen – eine Überfunktion färbt den Körper gelb, führt zu extremem Hunger und Durst (auf Kaltes), Fieber, Hautausschlägen und Hypersensibilität. Die Pitta-Zeit ist von zehn bis zwei Uhr (mittags und nachts), in dieser Zeit kann es zu einer Überaktivität kommen. Laut Ayurveda soll die Hauptmahlzeit des Tages in der Mittagszeit zu sich genommen werden, da zu dieser Zeit Pitta hoch ist und die Verdauung problemlos funktioniert.

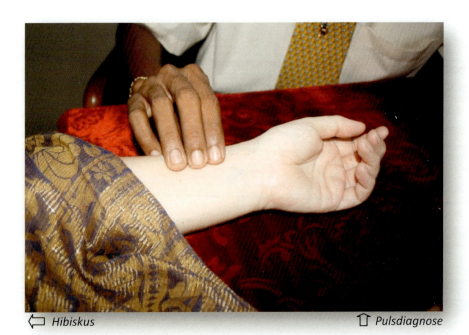

⇦ *Hibiskus* ⇧ *Pulsdiagnose*

Kapha ist das Prinzip der Standfestigkeit und ist für die Geschmeidigkeit des Körpers verantwortlich. Kapha steht für Geduld, Seelenstärke und Begierdelosigkeit, es gibt das Gefühl von Zufriedenheit und Glück. Eine Unterfunktion führt zu Depressionen – eine Überfunktion zu Übelkeit, Schweregefühl, Wasseransammlungen im Körper, Lethargie. Die Zeit für Kapha ist von sechs bis zehn Uhr (morgens und abends), zu dieser Zeit fühlt sich der Körper besonders schwer an, aufstehen fällt schwer. Kapha kontrolliert den Körper bis etwa zum zwölften Lebensjahr. Kapha ist es demnach zu verdanken, dass Kinder sehr oft verschleimt sind und laufende Nasen haben.

Die Schulmedizin beschränkt sich auf die Behandlung des kranken Körperteiles, Ayurveda behandelt den ganzen Menschen. Für viele Kurgäste aus Europa ist dies befremdend. Im Westen wird gelehrt, dass die Schulter zu behandeln ist, wenn die Schulter schmerzt – Ayurveda sieht das anders: wahrscheinlich ist die Schulter abgenutzt (zu viel Vata) oder mit der Geschmeidigkeit (Schmierung) des Gelenks stimmt etwas nicht (zu wenig Kapha).

Ayurveda unterscheidet auch zwischen fünf Elementen, die sowohl in der Umgebung als auch im menschlichen Körper vorkommen. Diese fünf Elemente sind Erde (Prithavi), Äther (Akash), Wasser (Ap), Luft (Vayu) und Feuer (Teja). Den Doshas werden die Eigenschaften der fünf Elemente zugeordnet: Vata setzt sich aus Äther und Luft zusammen, Pitta aus Feuer und Wasser und Kapha aus Erde und Wasser. Vata ist demnach kühl und luftig, Pitta heiß und Kapha kühl und flüssig.

Jedes Dosha hat einen „Hauptsitz", in dem es wirkt, in dem es arbeitet. Ein Ungleichgewicht führt zur Ansammlung des Doshas zuerst an seinem Hauptsitz, bei länger anhaltender Störung fängt es zu wandern an und verursacht Krankheiten im ganzen Körper. Der Ayurveda-Arzt stellt aufgrund einer Pulsdiagnose fest, welches Dosha gestört ist. Aber auch Augen, Zunge, Haut, Ohren werden untersucht, sie verraten ebenfalls bestehende Ungleichgewichte.

Ayurveda ist eigentlich auf die Vermeidung von Krankheiten spezialisiert. Die Ärzte im alten Indien wurden nur bezahlt, wenn der Patient gesund war, bei Krankheit gab es kein Geld für den Arzt, es war ja dessen Schuld.

Wenn alle drei Doshas ausbalanciert sind, ist es unmöglich, dass sich eine Krankheit einstellt. Die Doshas können durch Pancha Karma (fünf Tätigkeiten) ins Gleichgewicht gebracht werden. Die fünf Tätigkeiten sind folgende:

1. Vamana (Erbrechen)
2. Nasya (Nasenbehandlung)
3. Virechana (Abführen)
4. Basti (Einlauf)

5. Rakta Mokshana (Blutreinigung durch Blutegel)

Manche gesunde Sri-Lanker begeben sich einmal pro Jahr in ein Ayurveda-Krankenhaus, um die Doshas ausbalancieren zu lassen. Leider ist das meist eine Geldfrage, denn es gibt nur wenige staatliche, und somit kostenfreie, ayurvedische Krankenhäuser auf Sri Lanka. Ayurvedische Krankenhäuser bieten die gleichen Therapien an wie Ayurveda-Zentren für Touristen. Nach einer Vorbehandlung durch Massagen und Verabreichung von Ghee (geklärter Butter) wird der Körper, je nach Doshabelastung, gereinigt.

Ayurveda, das in den Hotels am Strand angeboten wird, dient meist nur dem Aussehen, der Schönheit und hilft bei kleinen Wehwehchen. Durch Massagen werden Giftstoffe ausgeleitet, jedoch nicht so effektiv wie bei einer Pancha Karma Kur. Trotzdem sind diese „Ayurveda-light-Kuren" durchaus empfehlenswert, sie schaffen tiefe Entspannung und lassen den Körper wieder neu erstrahlen.

Bei Planung einer Ayurvedakur muss man sich seiner Erwartungen bewusst sein: Will man eine authentische Ayurveda-Kur mit tiefer Reinigung, um Krankheiten zu kurieren oder will man etwas für die Schönheit und gegen die kleinen Zipperlein tun. Wenn man sich selbst diese Frage ehrlich beantwortet, ist es

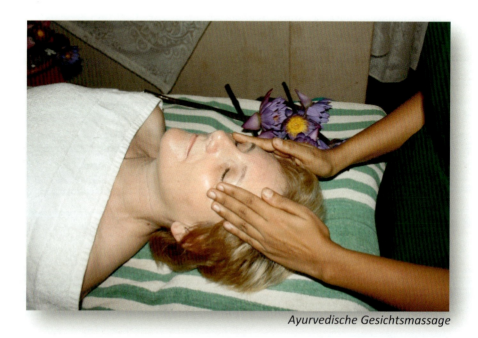

Ayurvedische Gesichtsmassage

leicht, die richtige Einrichtung zu finden.

Seriöse Ayurveda-Zentren erkennt man unter anderem an der Geschlechtertrennung – Männer werden von männlichen und Frauen von weiblichen Therapeuten massiert.

Ayurveda wird von der Bevölkerung auf Sri Lanka gelebt. Man weiß ganz genau, dass man keine Auberginen essen darf, wenn man verschnupft ist; man weiß genau, dass sich ayurvedische Medikamente nicht mit Fisch und Krustentieren vertragen und schon gar nicht mit Alkohol und Fleisch; man weiß genau, dass man nicht zwischendurch essen darf, da dies die Verdauungssäfte (das Agni) durcheinander bringen würde.

Früher gab es in den Dörfern auf Sri Lanka nur einen Ayurveda-Arzt, ihn suchten alle Kranken und Verletzten auf. Das singhalesische Wort für einen Ayurveda-Arzt ist „Atta Veda Mahateya" (Hand – Wissen – großer Mann), also ein weiser Mann, der durch seine Hände über Wissen verfügt. Bei einem guten Ayurveda-Arzt war der Andrang riesengroß, stundenlanges Warten war angesagt. Nach der Pulsdiagnose, nach Untersuchung der Augen, Ohren und der Zunge verschrieb der Arzt nicht nur pflanzliche Medizin und erklärte deren Zubereitung, er gab auch eine Essensliste mit. Auf dieser Liste war verzeichnet, was man essen durfte und was nicht.

Im Ayurveda wird allem – den Doshas, dem Essen, den Gewürzen, der Kräutermedizin – eine gewisse Eigenschaft zugeteilt: heiß, kalt, süß, sauer, salzig, scharf, bitter, herb. Diese Eigenschaften wirken auf den Körper und beruhigen oder stimulieren.

Auch nach Bissen von giftigen Schlangen ging man früher zum Ayurveda-Arzt, das Tier war zur Erleichterung der Diagnose mitzubringen. Da ein Ohnmachtsanfall sehr wahrscheinlich den Tod des Patienten bedeutet hätte, musste ein solcher verhindert werden. Dafür hatte der Ayurveda-Arzt ein einfaches, aber sehr wirksames Mittel: er zerkaute Pfeffer und spuckte es dem Patienten in die Augen. Erst dann begann die eigentliche Behandlung.

Heutzutage wird Ayurveda von der Bevölkerung auf Sri Lanka meist bei chronischen Krankheiten angewendet, aber auch zur Nachbehandlung nach schweren Operationen oder Krankheiten, bzw. nach Knochenbrüchen. Schulmedizin und Ayurveda ergänzen sich hierzulande.

Diese Ausführungen sind nur ein sehr, sehr kurzer Überblick und sind keineswegs vollständig.

Die zweite Heimat

Irgendwann einmal, ich war noch ein Teenager, sagte meine Mama: „Geh doch hin, wo der Pfeffer wächst." Sie war nicht darauf gefasst, dass ich sie so wörtlich nehmen würde. Heute ist es für sie ein Gräuel, wenn ich zu ihr sage: „Ich fliege in meine zweite Heimat", ihr Kommentar ist dann immer: „Du bist im Salzkammergut zu Hause!"

Meine Mama wird mich nie verstehen können. Sie hat immer nur in der Landwirtschaft geschuftet und jeden Groschen zur Seite gelegt, damit das Anwesen (für mich) erhalten bleibt. Zusammen mit ihrer Schwester betrieb sie diese Landwirtschaft, ein harter Job für zwei Frauen. Nie hatten sie einen Tag Urlaub. Erst als sie in Pension waren und die Landwirtschaft verpachtet hatten, gönnte sich meine Tante eine Woche in Rom, selbstverständlich als Wallfahrt und meine Mama mehrere Kuren. Meinen ausdrücklichen Wunsch, doch mal mit nach Sri Lanka zu reisen, wehrte sie immer standhaft ab. „Ich sterbe lieber in meinem Wald" war der einzige Kommentar dazu.

Ich hingegen tauchte immer tiefer in das Land ein, versuchte Land und Leute zu verstehen und hüpfte von einem Fettnäpfchen ins nächste. Es wird auch weiterhin so bleiben, nach wie vor bin ich zu viel Europäerin, um die

Sonnenuntergang in Hikkaduwa

Gepflogenheiten nachvollziehen zu können. Auch nach zwanzig Jahren wurmt es mich, wenn man nach dem Kauen der Betelnuss den Saft einfach auf die Straße spuckt, wenn man mich unverhohlen anstarrt, wenn man Provision kassiert, die einem keinesfalls zusteht, wenn man sich nicht bedankt.

Dankbarkeit gibt es trotzdem. Als Europäer ist man an das Wort DANKE gewöhnt, hier wird es anders gezeigt und das ist es, was uns befremdet.

Eine kurze Geschichte: Zu Weihnachten bekam ich von meiner Freundin Sabine ein Kuvert mit Geld. Da ich kurz darauf nach Sri Lanka flog, sollte ich dieses Geld wohltätig einsetzen. Eine Urlaubswoche verging, ich hatte keine Ahnung, was ich damit tun könnte, eine zweite Woche verging und ich wusste es noch immer nicht. Dann saß ich eines Tages im Internet-Café und war in die Nachrichten aus Österreich vertieft. Ein Sturmtief, Cyril, wütete und war dabei, aus dem Salzkammergut Kleinholz zu machen. Ich hatte Angst um meine zwei Ladies und um unser Haus. Telefonisch konnte ich niemanden erreichen, kein Strom, kein Festnetztelefon. Bei den Jungs vom Internet-Café schüttete ich mein Herz aus und einer der Jungs, Lasantha, sagte, auch er mache sich Sorgen um seine Tante. Sie sei mittlerweile eine alte Frau und wohne allein in einem Haus weit weg. Der Dachstuhl dieses Hauses sei sehr morsch und müsste dringend, noch vor der Regenzeit, renoviert werden.

Sofort dachte ich an Sabine und an das Geld. Das war doch die Lösung.

Sogleich fuhren wir zur Tante, einer liebenswürdigen alten Dame, ganz schlank und mit einem bezaubernden Lächeln auf den Lippen. Ihr Name ist Punchi Nona, übersetzt Winzige Frau. Auch sie war nie verheiratet, wie meine Ladies, und hatte demnach auch keine Kinder, die ihre Altersversorgung darstellen würden. Sie verdient sich etwas Geld, indem sie Bastmatten herstellt und Hochzeits- und Geburtstagstorten bäckt.

Das Geld war somit gut angelegt, noch vor der Regenzeit bekam sie das neue Dach und auch elektrischen Strom, den sie bis dahin nicht im Haus hatte.

Punchi Nona

Das neue Dach für die Punchi Nona

Hilfe ist immer wieder mal nötig, wenn man Gast in einem Entwicklungsland ist. Das größte Hilfsprojekt für Sri Lanka wird noch viele Jahrzehnte unvergessen sein – die Hilfe, die die ganze Welt der Insel nach dem Tsunami zuteil werden ließ.

Wie ich diese Zeit erleben durfte, möchte ich hier kurz schildern:

Tsunami

26. Dezember 2004: Überall auf der Welt feierte man Weihnachten, so auch auf Sri Lanka. Obwohl die meisten Ceylonesen Buddhisten sind, feiern sie auch liebend gerne Weihnachten.

Am Morgen dieses Tages zog sich das Meer weit vom Ufer zurück. Viele hatten noch Ferien und somit war das eine willkommene Möglichkeit, einen sehr ausgedehnten Spaziergang am „neuen" Strand zu machen. Dabei wurden sie von den Wellen des Tsunamis überrascht und überspült, wurden verletzt oder kamen gar zu Tode. Viele Häuser in Strandnähe riss der Tsunami einfach mitsamt den Bewohnern weg.

Offiziell gab es auf Sri Lanka über 30.000 Tote, inoffiziell wird von über 130.000 gesprochen. Die Ostküste war am stärksten betroffen. Da zu dieser Zeit in vielen Teilen Bürgerkrieg herrschte, gab es keine genauen Einwohnerzahlen und somit konnte die tatsächliche Opferzahl nie festgestellt werden.

Ganz Sri Lanka war geschockt, in den Köpfen geisterte eine alte Sage herum: Vor zirka 2000 Jahren gab es ähnlich große Wellen. Weite Teile von Colombo waren überschwemmt und das Volk begehrte gegen den König auf, dieser hatte nämlich einen kleinen Mönch ermorden lassen und das war nun die Strafe dafür. Jetzt erfuhr man aus den Nachrichten, was die Ursache des Tsunamis war: ein starkes Erdbeben.

Zerstörung durch den Tsunami an der Südwestküste

Man war bemüht, möglichst rasch die Hauptstraßen zur Versorgung der Bevölkerung wieder befahrbar zu machen und brachte alle verfügbaren Bagger an die Küsten. Verletzte füllten die Krankenhäuser des Landes, Obdachlose fanden in Schulen und Tempeln Unterschlupf. Die Regierung stellte binnen kürzester Zeit allen Obdachlosen Reis und Linsen, die Hauptnahrungsmittel zur Verfügung.

Dank der großzügigen Spenden aus aller Welt, konnte vielen Opfern relativ rasch geholfen werden.

Tsunamihilfe

Eigentlich wollte ich am 26. Dezember 2004 nach Sri Lanka fliegen, um wieder einmal meine Ferien dort zu verbringen. Als ich am Morgen im Teletext nach dem Wetter schauen wollte, überlagerten die Schlagzeilen zum „Tsunami in Südostasien" alles. Ich beschloss trotzdem, zu versuchen, nach Sri Lanka zu fliegen. Am Flughafen in München wurde ich abgewiesen – es gab Anweisungen vom Auswärtigen Amt, keine Touristen nach Sri Lanka zu fliegen. Meine Argumente, dass ich Österreicherin bin und dass ich die Sprache etwas beherrsche, brachten nichts.

Das Fernsehen brachte unentwegt neue Bilder aus Sri Lanka, so auch von der Hauptstraße in Hikkaduwa, hier betrieb meine Freundin ein Bekleidungsgeschäft. Jemand erzählte, dass die Straße 1,80 m hoch überschwemmt worden war. Ich machte mir riesige Sorgen um meine Freundin, zumal ich sie auch telefonisch nicht erreichen konnte und die Wohnung der Familie hinter dem Geschäft tiefer lag als das Straßenniveau. Eine Woche später konnte ich endlich nach Sri Lanka fliegen. Die Sorgen um meine Freundin waren – wie sich später herausstellte – unbegründet, sie und ihre Familie hatten finanziellen Schaden erlitten, jedoch war niemand verletzt worden.

Am Tag der Abreise war ich vormittags noch im Büro. Als ich mittags nach Hause kam, war unsere Stube voll mit Freunden und Nachbarn, die mir alle ihre Tsunami-Spende mitgeben wollten – ich würde schon das Richtige damit machen. Innerhalb von ein paar Minuten kamen somit über 2000 Euro zusammen und ich war gefordert, dieses Geld nun richtig einzusetzen.

Auf Sri Lanka angekommen, sah ich das Ausmaß der Zerstörungen – ich war

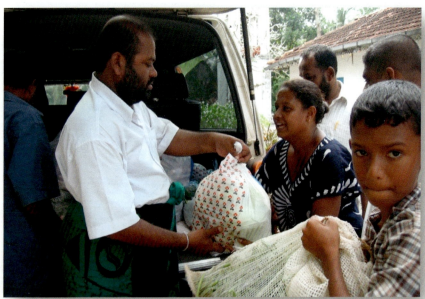

Verteilung von Gemüse an die Obdachlosen

schockiert. Fernsehen unterscheidet sich doch von der Realität.

Da ich ja nun Spendengelder mit hatte, fragte ich gleich nach meiner Ankunft in Bentota meine Freunde, was wir damit machen könnten. Die Antwort lautete: Die Obdachlosen bekommen von der Regierung die Grundnahrungsmittel, wir könnten ja zusehen, dass Sie auch mit Vitaminen – sprich Gemüse – und Hygieneartikel versorgt werden. Also kauften wir Unmengen von Gemüse, Zucker, Milchpulver und Hygieneartikel und machten uns auf den Weg. Überall an der Hauptstraße, der Galle-Road, gab es Hinweisschilder zu Obdachlosenlagern. Diese klapperten wir nach und nach ab und verteilten unsere Spenden, überall wurden wir herzlich willkommen geheißen. Auch heute noch habe ich das Gefühl, das Richtige getan zu haben.

Irgendwie wurde das Spendengeld nicht weniger, wir mussten etwas Größeres unternehmen. Rupa, der Eigentümer des Gästehauses, in dem ich wohnte, sagte zu mir, dass in seinem Wohnort Kalutera sehr viele Christen vorübergehend in Kirchen lebten. Da auch ich Christ bin, sollten wir doch für diese Leute etwas tun. In drei Kirchen wohnten an die 1500 Obdachlose und wir planten für den kommenden Sonntag, ein Festmahl zu veranstalten. Wir besorgten große Töpfe und alle Zutaten, die man für ein Sonntagsmahl braucht: von Knoblauch und Öl über Fleisch und Gemüse bis hin zu den Gewürzen.

Sonntagsmahl für die Obdachlosen

Gleichzeitig war dies auch ein Beschäftigungsprojekt: Die Menschen hatten wieder etwas zu tun. Sie kochten. Es wurde ein für mich wirklich unvergessenes Festmahl.

Ein Fernsehteam aus Ungarn drehte gerade in einer dieser Kirchen. Sie wurden auf mich aufmerksam und befragten mich, für welche Organisation ich denn arbeite und was ich genau mache. Stolz konnte ich antworten, dass diese Hilfe von meinen Nachbarn und Freunden finanziert und durch mich organisiert wurde. Ein Interview lehnte ich ab, ich wollte nicht, dass mich meine Mama inmitten des Chaos – wie es für einen Außenstehenden aussehen musste – sieht, sollte der Bericht auch in Österreich ausgestrahlt werden.

Für ein späteres Projekt suchten wir uns eine Familie aus Kosgoda. Der Vater Tagelöhner, Mutter, Oma und drei Töchter zuhause. Wir wählten diese Familie, da sie bereits ein Grundstück im Landesinneren besaßen und somit die langwierigen Formalitäten eines Grundstückskaufes uns nicht mehr aufhielten. Wir versprachen daher der Familie Nandana, wiederzukommen um zu helfen.

Wieder zuhause in Österreich angekommen, merkte ich erst, wie sehr mich das Leid auf Sri Lanka mitgenommen hatte. Ich hatte kaum mehr die Kraft, meinen täglichen Pflichten nachzukommen und lag meist um 18:00 Uhr schon im Bett. Meine Firmpatin besuchte mich eines Tages und ich erzählte ihr von Sri

Familie Nandana

Lanka, vom Tsunami, unserer kleinen Hilfsaktion und auch, dass ich versprochen hätte, der Familie Nandana zu helfen, aber einfach nicht die Kraft fände, weitere Spenden zu sammeln und nach Sri Lanka zu fliegen. Ihre kurze Antwort: "Was du versprochen hast, musst du halten!"

Also begann ich mit meinen Freundinnen Eva und Karin – auch Sri Lanka-Fans – eine Präsentation über Sri Lanka, Tourismus und Tsunami vorzubereiten. Wir luden ins Dorfgasthaus ein und sehr viele Leute kamen, lauschten unseren Ausführungen und öffneten die Geldbörse.

Frisch gestärkt kam ich im April 2005 zu den Nandanas und fand einen Rohbau – bezahlt von Regierungsgeldern – vor. Da die Regenzeit unmittelbar bevorstand, gaben wir Fenster in Auftrag und kauften Baumaterialen für einen Küchen- und Badezimmerzubau. Am Neujahrstag, dem 13. April 2005, konnten wir die Fenster liefern. Es herrschte reges Treiben beim Abladen der Fenster, der Hund der Nandanas bekam es mit der Angst zu tun und biss mich in die Wade.

Da die Wunde sehr tief war und ich außerdem Angst vor Tollwut hatte, suchten wir nach einem Arzt oder Krankenhaus. Neujahrstag – alles geschlossen, jeder ist zuhause bei seiner Familie und feiert. In Kalutera, der Kreisstadt, war ein privates Krankenhaus offen, ich wurde bestens versorgt.

Billy

Eines Tages lernte ich Corinne und Billy kennen, ein englisches Ehepaar mit einem Gästehaus am Fluss. Corinne kam aus London, war dort Krankenschwester und hier kümmerte sie sich um die Gäste.

Billy war ein Träumer, keine Ahnung, welchen Beruf er in England ausübte, irgendetwas zwischen Architekt und Künstler. Er wuchs im Hochland von Schottland auf und seine Aussprache brachte er mit. Anfangs dachte ich immer, mich verhört zu haben – er sprach die Wörter aus, wie man sie schrieb: lunch, month, ... Irgendwann erzählte er ganz stolz, dass er einem Au-pair-Mädchen „sein" Englisch beibrachte. Das arme Mädchen: Niemand wird je ihr Englisch verstehen können.

Seine Leidenschaft war das Angeln. Da das Gästehaus direkt am Fluss lag, war die Angel immer ausgelegt. Er schwor auf Hühnerhaut als Köder, die mochten die ceylonesischen Fische ganz besonders gern. Wenn ich so darüber nachdenke, habe ich eigentlich nie gesehen, dass jemals ein Fisch an der Angel hing.

Billy liebte die Musik, er spielte Gitarre und sang dazu – ganz leise – Beatles-Songs. Heute noch bekomme ich Gänsehaut, wenn ich daran denke, wie schön er gesungen hat. Wir saßen im Garten am Fluss, der Vollmond über uns und Billy sang. Moment of Excellence.

Billy liebte es, Geschichten zu erzählen. Eine Geschichte ist mir noch bestens in Erinnerung: Billy war bei einem Gartenfest seines Bruders für das leibliche Wohl verantwortlich, er musste grillen. Der Griller wurde in der hinteren Ecke des Gartens aufgestellt und niemand dachte daran, dass es in dieser Ecke viel zu dunkel werden würde, niemand dachte daran, Licht zu installieren. Als es nun Zeit wurde, mit dem Grillen zu beginnen, war es bereits stockdunkel und Billy musste sich auf seinen Tastsinn verlassen. Dieser verließ ihn jedoch und das Fleisch fiel zu Boden, in den Dreck. Billy hob es auf, säuberte es so gut es ging und legte es wieder auf den Griller. Nach dem Essen kam der Pastor zu ihm, bedankte sich überschwänglich für das gute Essen und fragte nach den verwendeten Gewürzen.

Leider verstarb Billy viel zu früh an Magenkrebs.

Bentota Ganga, Billys Heimat

Volksgruppen

Wie bereits erwähnt, bewohnen verschiedene Volksgruppen die Insel:
- die Singhalesen (nordindischer Abstammung)
- die Tamilen (südindischer Abstammung)
- die Moers (arabischer Abstammung)
- die Burghers (Mischlinge, die aus Beziehungen zwischen Einheimischen und Kolonialherren hervorgegangen sind)
- die Weddhas (Ureinwohner)

Leider hatte ich während meiner Reisen in den letzten zwanzig Jahren fast ausschließlich Kontakt zu Singhalesen, und wahrscheinlich wird das auch so bleiben.

Eines Tages machte ich ein Foto von einem Kind auf der Straße, die Mutter wollte unbedingt einen Abzug und ich versprach ihr, diesen in den nächsten Tagen vorbeizubringen. Sie beschrieb mir den Weg zu ihrem Haus. Als der Abzug fertig war, bestellte ich einen Tuck-Tuck-Fahrer und nannte ihm die Adresse.

Tamilen

Seine Antwort: „Das sind ja Tamilen!" Es kostete einige Überzeugungsarbeit, mich doch zu dieser Familie zu bringen. Bei einer Tasse Tee kamen sich Tuck-Tuck-Fahrer und die tamilische Familie dann doch näher. Weshalb braucht es ausländische Vermittlung, damit man miteinander spricht?

Da mein Freundeskreis nun ausschließlich aus Singhalesen besteht, möchte ich noch Näheres über sie und ihr Leben schreiben:

Singhalesen

Eine Legende erzählt, dass die Singhalesen von Löwen abstammen – Singha heißt übersetzt Löwe. Auch heute noch ziert ein Löwe die Flagge von Sri Lanka.

Diese Legende erzählt nun von einer Prinzessin, die „der Liebe sehr zugetan war". Sie verbrauchte einen Liebhaber nach dem anderen, alle suchten das Weite. Nun suchte sie Trost bei einem Löwen, „liebkoste und streichelte ihn". Ein Sohn und eine Tochter sollen aus dieser Beziehung hervorgegangen sein, diese zeugten wiederum „sechzehn Zwillingssöhne".

Nun ja, eine Legende, ein Märchen – ein Kontrast zur Geschichte von Kuweeni und Wijaya.

Die Singhalesen sehen sich jedoch nach wie vor als Nachkommen eines Löwen – sehr stolze Menschen! Sie lächeln immer, negative Gefühle zu zeigen schickt sich nicht und man ist stets bemüht, keinesfalls das Gesicht zu verlieren, indem man offen diskutiert oder laute Worte spricht.

Viele Jahrhunderte der Fremdherrschaft konnten ihre Traditionen nicht brechen; Traditionen wie Götter- und Geisterglaube, Liebe zum Tanz und zur Musik, Ausübung von überlieferten Ritualen und Zeremonien, Beachtung des Horoskops – und selbstverständlich der Glaube an Buddha.

Ein großes Fragenzeichen stellt für Europäer zumeist das seitliche Kopfwackeln dar. In Europa entspricht es einem klaren Nein – hier kann es vieles bedeuten, zumeist jedoch „ja, wenn es sein muss", also kein eindeutiges Ja. Bei einer nicht eindeutigen Antwort sollte man einfach nachfragen, bis alles klar ist; erst recht, wenn es sich um Geschäfte, Geldangelegenheiten, etc. handelt.

Singhalesen sind überzeugt, dass sie aufgrund ihrer dunklen Hautfarbe mehr Energie haben als Menschen mit heller Hautfarbe. Trotzdem gilt es nach wie vor als Statussymbol auf Sri Lanka, eine helle Hautfarbe zu haben. Frauen aus dem

Bergland sind aufgrund der helleren Hauttönung beliebte Heiratskandidatinnen. Diese Frauen legen auch sehr viel Wert darauf, ihre Schönheit bis ins Alter zu erhalten: niemals ohne Sonnenschirm, damit ja kein Sonnenstrahl die Haut trifft und bräunt, viele Hautpackungen mit natürlichen Produkten (Avocado, Papaya ...), damit ja keine Fältchen entstehen. Alkohol und Nikotin sind für Frauen auf Sri Lanka sowieso ein Tabu.

Mittlerweile hat auch der europäische Standard auf Sri Lanka Einzug gehalten – Frauen müssen zum Familieneinkommen beitragen. Hauptsächlich arbeiten sie in diversen Fabriken, die wie Pilze aus dem Boden schießen.

Dilshan, ein langjähriger Freund

Meist arbeiten die Frauen mehr als die Normalarbeitszeit, um durch die Überstunden einen höheren Lohn zu erhalten. Teilweise haben sie noch dazu einen weiten Weg zur und von der Arbeit, oft über eine Stunde mit öffentlichen, zu den Hauptverkehrszeiten überfüllten, Verkehrsmitteln. Nach der Rückkehr müssen sich die Frauen auch noch um den Haushalt kümmern – singhalesische Männer und Haushalt sind Gegensätze, die sich nicht anziehen!

Etwa eine Million Sri-Lanker (von über zwanzig Millionen) arbeiten im Ausland und versuchen dort ihr Glück. Meist bleibt es jedoch bei niedrigen Tätigkeiten mit niedrigem Lohn. Trotzdem wird jährlich etwa eine Milliarde US-Dollar in die Heimat überwiesen. Diese Summe stellt eine wichtige Hilfe für die Familien dar.

Arbeiten im Ausland wird vom Staat gefördert, die Regierung vermittelt solche Arbeitsstellen. Aber auch private Anbieter ziehen auswanderungswilligen Sri-Lankern das Geld aus der Tasche. Ein Flugticket, ein Job im Ausland und die entsprechende Arbeitserlaubnis sind für einige tausend Euro zu erhalten. Ganze Familien stürzen sich in Schulden, um diesen Betrag aufzubringen. Fraglich ist nur, ob dieses Geld im Ausland auch wieder verdient werden kann. Viele kehren frühzeitig zurück, weil sie ein Leben in der Fremde mit allen Einschränkungen – und ohne Reis & Curry – nicht aushalten.

Frauen arbeiten meist in arabischen Ländern als Hausmädchen und werden dort wie Sklaven gehalten: kein Kontakt zu anderen Sri-Lankern, keine Telefonanrufe. Schlimmstenfalls kehren sie schwanger – vergewaltigt vom Arbeitgeber – nach Sri Lanka zurück und haben keine Chance mehr auf eine Heirat bzw. eine normale Familie.

Krankheit bedeutet auf Sri Lanka auch ein finanzielles Problem, es gibt keine gesetzliche Regelung bezüglich Krankenstand bzw. Krankengeld. Staatliche Unternehmen zahlen im Normalfall das Gehalt weiter, private Firmen hingegen meist nicht. Hier ist wiederum die Großfamilie gefragt, den Patienten aufzufangen.

Hinter vorgehaltener Hand wird auch immer wieder gemunkelt, dass Sri Lanka die höchste Selbstmordrate der Erde hat. Da es hier fast keinerlei psychologische Betreuung gibt, sehen viele Leute als einzige Möglichkeit in einer ausweglosen Situation, den Suizid. Ausweglose Situationen gibt es hier viele: Probleme mit der Polizei, finanzielle Zwangslage, Schwierigkeiten in der Familie, eine verbotene Liebe, uneheliche Schwangerschaft – schon trinkt man aus der Flasche mit Rattengift oder springt in den Brunnen.

Sri-Lanker sind Weltmeister im Betrügen. Nicht nur Touristen fallen auf diese Betrügereien herein, nein, auch untereinander wird betrogen, was das

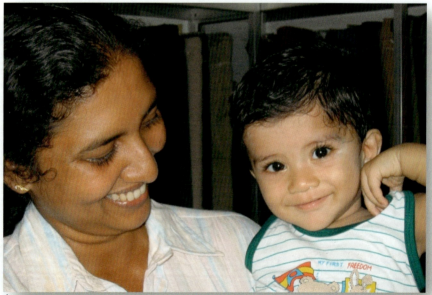

⇦ *Der Löwe, Namensgeber der Singhalesen* ⇧ *Chandani und ihr Sohn*

Zeug hält. Liebend gerne leiht man sich Geld und vereinbart einen genauen Rückgabetermin, der aber immer wieder verschoben und zum Schluss aufgehoben wird. Auch im kleinen Lebensmittelgeschäft von nebenan wird angeschrieben, bis man nichts mehr bekommt und pre-paid-Telefonkarten sind nie-paid-Telefonkarten. Die Verkäufer bleiben auf den Kosten sitzen, ein großes Problem, da die Gewinnspannen sehr gering sind (in etwa 3-10 %).

Kinder sind das Wichtigste für die Singhalesen, sie sind die Zukunft und die Altersvorsorge. Über Kinder kommt man sehr schnell ins Gespräch, singhalesische Kinder sind ja wunderhübsch!

Schulbildung

Nach dem täglichen Schulschluss um 13:30 Uhr ist Sri Lanka übersät von Kindern in weißen Schuluniformen – ein Zeichen, dass die Bevölkerung sehr jung ist.

Die Pflichtschule beginnt für ein Kind bereits mit fünf Jahren. Es gibt private und internationale Schulen, für die Schulgeld zu entrichten ist. Die meisten Kinder besuchen jedoch staatliche Schulen, die kostenlos sind. Viele Eltern sind bedacht, den Kindern eine möglichst gute Ausbildung zuteilwerden zu lassen und oft sitzen die Kinder am Nachmittag in Privatklassen, um Sprachen, Wissenschaften, etc. zu lernen.

Nach der 8. Klasse wird auch eine praktische Ausbildung angeboten, Schulen haben dafür eigene Werkstätten. Hier können die Schüler Erfahrungen sammeln und feststellen, wo ihre Talente liegen bzw. welche Arbeit ihnen gefallen würde. Auf Sri Lanka ist man jedoch der Meinung, dass in den Familien das Talent für einen bestimmten Beruf vererbt wird, wahrscheinlich geht dies auf das singhalesische Kastensystem zurück.

In der 10. Klasse ist eine erste große Prüfung fällig. Über ein Punktesystem wird entschieden, wer am Ende seiner schulischen Laufbahn ist (niedrige Punktezahl), wer die mittlere Reife (O-Level) und wer das Abitur (A-Level) machen darf, oder wer für die Universität zugelassen wird. Die Punktezahl entscheidet, wie lange man gratis zur Schule gehen oder studieren darf.

Für reiche Familien ist das Punktesystem meist kein Problem, mit entsprechenden finanziellen Mitteln kann man auch mit schlechten Ergebnissen studieren und einen ausländischen Hochschulabschluss machen.

Schulschluss in Galle

Das singhalesische Kastensystem

Im Gegensatz zum indischen Kastensystem ist das singhalesische Kastensystem sehr vereinfacht, die Grundstruktur sind sieben Berufsgruppen:

1. Radala (Könige)
2. Bauern
3. Maurer
4. Schreiner
5. Schmuckhändler
6. Wäscher
7. Trommler

Das singhalesische Kastensystem

Einstmals hat die Königskaste die Einteilung in die verschiedenen Kasten vorgenommen.

Wie auch in Indien wird man als Buddhist auf Sri Lanka in eine Kaste hineingeboren, lebt und arbeitet in dieser Kaste und heiratet darin. Ein Bauer wird keine Wäscherin zur Frau nehmen wollen, oder umgekehrt.

Bis in die 60er-Jahre des letzten Jahrhunderts war das Kastensystem noch voll aufrecht. Keiner Familie wäre es in den Sinn gekommen, selbst die Wäsche zu waschen. Dafür gab es ja die Kaste der Wäscher. Einmal pro Woche kam die Wäscherin, durfte auf einer niedrigen Bank (wie es sich für diese niedrige Kaste gehörte) Platz nehmen und warten, bis die Schmutzwäsche zusammengepackt war. Die Wäsche wurde im Haus der Wäscherin von Hand gewaschen und gereinigt wieder dem Kunden zurückgebracht.

Bis zum heutigen Tag wird jedes Neugeborene der Kaste zugeteilt, in die es hineingeboren ist. Die Kastenzugehörigkeit wird im Horoskop vermerkt und ist bei der späteren Heirat von großer Bedeutung. Man sieht es nach wie vor nicht gern, wenn Mitglieder verschiedener Kasten heiraten. Die Kaste ist auch ein wichtiger Bestandteil einer Heiratsannonce. Neben dem Geschlecht, Alter, Job, Sternzeichen wird darin auch die Kastenzugehörigkeit angeführt.

Ceylonesen wissen meist anhand des Familiennamens, um welche Kaste es sich handelt. Es wird demnach beim Erstkontakt bzw. bei der Vorstellung schnell klar, wer über- bzw. untergeordnet ist.

1988 geschah etwas Unerwartetes: Ranasinghe Premadasa, ein Kind der niedrigen Wäscherkaste, wurde Präsident von Sri Lanka! Während dies für die hiesige Bevölkerung kein Problem darstellte, war es für Indien unvorstellbar, für einen Sohn der Wäscherkaste den roten Teppich auszulegen. Premadasa wurde von Indien demnach nie zu einem Staatsbesuch eingeladen. Die islamischen Malediven hatten damit kein Problem, hier wurde er herzlich empfangen. Dies rührte Premadasa so sehr, dass er versprach, auf Kosten Sri Lankas eine Landebahn für Jumbo-Jets auf der Hauptinsel bauen zu lassen. Er bedachte dabei jedoch nicht, dass er damit seiner eigenen Wirtschaft keinen Gefallen tat – bis dahin landeten alle Gäste in Colombo und wurden mit kleinen Flugzeugen auf die Malediven gebracht, nun landeten die Jumbos direkt auf den Malediven und diese Einnahmen fielen weg.

Singhalesisch

Die singhalesische Sprache ist eine indogermanische Sprache, die aus der Gelehrtensprache Sanskrit hervorging. Sie wird nur von den Singhalesen auf Sri Lanka gesprochen, sonst nirgends auf der Welt (außer von den Auswanderern).

Aus eigener Erfahrung weiß ich, dass die Sprache aus einem Buch zu erlernen relativ schwierig ist, denn nur ein winziger Unterschied in der Betonung bedeutet schon ein ganz anderes Wort. Gonna ist zum Beispiel der Stier, Goona der Damhirsch.

Außerdem lehren die einschlägigen Bücher das Hoch-Singhalesisch, in den meisten Touristenorten wird jedoch eine undeutlichere Umgangssprache gesprochen, der Buchstabe „s" verkommt zu einem „h" – der Baum heißt somit nicht mehr Gasa sondern Gaha. Bindewörter wie „und" oder „oder" verschwinden gänzlich. Das Wort „saha" für „und" hört man eigentlich nur in den Nachrichten und nicht im Wortwechsel unter Singhalesen.

Die Schrift dazu ist wunderschön geschwungen und eine Mitlaut-Selbstlaut-Kombination, etwa mit der Stenographie vergleichbar. Ein Häkchen nach unten bedeutet, dass dem Mitlaut ein „u" folgt, ein Häkchen nach oben ist ein „i". Die Schrift vollständig zu erlernen dauert in der Regel sechs Schuljahre.

⇦ *Roshani nach der Sonntagsschule*   ⇧ *Singhalesische Schrift*

Fragestellungen hingegen sind sehr simpel. An das Verb wird einfach ein „de" angehängt, schon ist es eine Frage. Beispiel: kanne ist essen, kanne*de* heißt „Isst Du?".

Singhalesen sprechen sich untereinander sehr wenig mit dem Namen an, man benutzt einfach Verwandtschaftsformen, auch wenn es sich um eine völlig fremde Person handelt.

- Nangi heißt jüngere Schwester
- Akki heißt ältere Schwester
- Malli heißt jüngerer Bruder
- Aya heißt älterer Bruder
- Uncle ist die Anrede für einen älteren Herren.

Jahrelang sprach man auf Sri Lanka meinen Vornamen falsch aus, ich war immer „Christina". Erst als ich meinen Namen schreiben konnte und der mit einem „e" endete, war ich „Christine".

Außerhalb der Touristenzentren wird fast kein Englisch gesprochen, auch die Wegweiser sind nur noch auf Singhalesisch oder Tamil. Eine Reise im Leihauto wird so zu einem Spießrutenlauf.

Ein paar Brocken Singhalesisch oder wenigsten der Gruß „Ayubowan" kommen bei der heimischen Bevölkerung sehr gut an, man wird aufmerksamer und zuvorkommender behandelt.

Insider-Tipps

Das Leben auf Sri Lanka wird für einen Europäer immer einfacher – Sri Lanka wird immer moderner. Es gibt eine gute Gesundheitsvorsorge, es gibt Supermärkte nach westlichem Standard und mit Preisauszeichnung. Das war für mich persönlich die wichtigste Errungenschaft – ich muss nicht mehr eine halbe Stunde lang den Preis für ein Kilogramm Bananen aushandeln – ich kann einfach im Supermarkt die Bananen auf die Waage legen.

So schön Märkte auch sind, weiße Hautfarbe erhöht den Preis um ein Vielfaches.

Auf manchen Stränden Sri Lankas gibt es kleine Sandfliegen. Der Biss einer solchen juckt entsetzlich und Kratzen bewirkt oft eine Entzündung, eiternde Wunden sind die Folge. Keine Ahnung weshalb, aber wenn man auf den Genuss von Ananas verzichtet, verzichten diese Viecher auch auf einen Biss.

Moskitos sind während der Dämmerung eine Plage, nicht nur der Stich juckt und schmerzt, es können auch gefährliche Krankheiten wie Malaria und Dengue-Fieber übertragen werden. Der beste Schutz ist, sich in geschlossenen, moskitofreien Räumen aufzuhalten. Will man dennoch die „Blaue Stunde" draußen genießen, so sollte man eine „Moskitospirale" abbrennen. Auftragen von Zitronella-Öl auf die Haut hilft meist auch und ist effizienter als Produkte aus den europäischen Apotheken. Die Einnahme von Vitamin B ist ebenfalls sehr empfehlenswert.

Für ungebetene Begleiter habe ich im Laufe der Jahre eine einfache Abwehrmethode entwickelt. Auf die Frage, woher ich komme, antworte ich mit Lichtenstein oder mit Luxemburg. Diese Staaten sind auf Sri Lanka gänzlich unbekannt und während der mögliche Begleiter noch darüber nachdenkt, in welcher Sprache er mit mir weitersprechen soll, bin ich schon längst über alle Berge.

Allein reisende Frauen werden meist als Freiwild angesehen. Weshalb sollte eine Frau auch sonst alleine auf die Insel kommen?!?!? Freundlichkeit, wie sie in Europa gebräuchlich ist, kann auf Sri Lanka zu Komplikationen führen. Blickkontakt sehen singhalesische Männer als Aufforderung zu mehr und sollte demnach vermieden werden, wenn man das „Mehr" nicht möchte.

Abendstimmung am Milchsee in Kandy

Es muss nicht immer ein Taxi sein, um durch das Land zu reisen. Öffentliche Verkehrsmittel sind preisgünstig und man kann damit – wenn man über genügend Zeit verfügt – auch die entlegensten Orte bereisen. Schwierig wird es nur, wenn man größere Gepäcksstücke mit sich führt, dafür ist meist kein Platz.

Unterwegs

Es scheint, dass alle Sri-Lanker immer unterwegs sind. Kaum ein Platz, den man wirklich als „menschenleer" bezeichnen könnte.

Auf Sri Lanka liegt der Preis für Autos auf Weltpreisniveau, der für Sprit nicht viel darunter – größtenteils unerschwinglich für die Bevölkerung. Luxusautos werden seitens der Regierung mit sehr hohen Steuern belegt. Meist besitzen nur Taxifahrer in den Touristengebieten und die wohlhabende Bevölkerungsschicht ein eigenes Auto. Sonst wäre wahrscheinlich der Verkehr auf der ganzen Insel bereits total zusammengebrochen.

Die Alternative zum Auto bzw. Taxi ist das Tuck-Tuck, der Three-Wheeler (dreirädriges Fahrzeug mit einem 2-Takt-Motor aus Italien). An jeder Straßenkreuzung, an fast jeder Bushaltestelle befindet sich ein Tuck-Tuck-Stand, aber auch unterwegs wird man nicht selten von Fahrern angesprochen. Fahrten mit den Tuck-Tucks sind meist relativ günstig, der Fahrpreis muss aber unbedingt vorher verhandelt werden, da es kein Taxameter gibt. Für längere Strecken sind diese Fahrzeuge jedoch weniger zu empfehlen, da man direkt den Abgasen der LKWs, der Autobusse bzw. der Autos ausgesetzt ist.

Das öffentliche Verkehrsnetz ist sehr gut ausgebaut und wird vom Großteil der Bevölkerung in Anspruch genommen. Die Fahrscheinpreise sind sehr günstig, den Einkommen der Bevölkerung angepasst.

Per Autobus kommt man überall hin, an jeden noch so kleinen Ort. Die Schaffner sprechen meist nur singhalesisch und die Verständigung mit den Touris erfolgt mit Händen und Füßen; teilweise springt aber auch ein Fahrgast als Übersetzer ein. Sollte man den gewünschten Ort zum Aussteigen nicht genau kennen, muss man diesen nur dem Schaffner (oder dessen Dolmetscher) mitteilen, er wird rechtzeitig daran denken und zum Aussteigen auffordern. Ansonsten heißt das Zauberwort „bahinava" – aussteigen.

Auf Sri Lanka gibt es zwei verschiedene Arten, um per öffentlichen Autobus zu reisen:

1. Die normalen Autobusse, meist weiß oder rot lackiert, ohne Klimaanlage und zu den Hauptverkehrszeiten heillos überfüllt – die Fahrgäste hängen in Trauben aus den offenen Türen.
2. Die Intercitybusse, hier hat meist jeder Fahrgast einen Sitzplatz und die Temperatur ist durch die Klimaanlage angenehm kühl. Das Tempo, mit dem sie über die Straßen brettern, ist jedoch teilweise halsbrecherisch.

Bunte und blinkend beleuchtete Buddhabilder, Christusbilder und Bilder von verschiedenen Gottheiten zieren das Innere der Autobusse. Wahrscheinlich ist ein göttlicher Beistand bei dem Fahrstil, den die Chauffeure oft an den Tag legen, nötig.

Eine weitere Möglichkeit, mit den öffentlichen Verkehrsmitteln zu reisen, stellt die Eisenbahn dar. Für die Strecke Colombo–Kandy werden teilweise Waggons mit Glaskuppeln eingesetzt, damit man die landschaftliche Schönheit dieser Strecke genießen kann. Die übrigen Züge verfügen über eine zweite und dritte Klasse, die dritte Klasse ist – wie auch bei den Bussen – zu den Stoßzeiten heillos überfüllt. Das Eisenbahnnetz stammt noch aus der englischen Kolonialzeit und ist nicht so weitläufig wie das Autobusnetz, die größeren Städte sind jedoch per Bahn meist erreichbar.

Mietautos sind nicht zu empfehlen, da man sich als Europäer nur schwer an

⇦ *Motorrad-LKW* ⇧ *Autobus-Bahnhof in Colombo*

die Verkehrssitten, die Vorrangregeln (allgemein gilt, wer das größere Fahrzeug hat, hat Vorrang) oder den Linksverkehr gewöhnt. Sollte man einen Unfall verursachen, hat man mit tätlichen Angriffen auf seine Person zu rechnen, es kommt nicht selten vor, dass der Unfallverursacher mit Steinen beworfen wird. Auch sind Autos mit Fahrer meist kostengünstiger als die Raten der internationalen Autovermieter.

Hinweisschilder sind auf dem Land nur in einheimischer Schrift oder gar nicht vorhanden. Unterwegs in einem Mietauto ist es daher relativ schwierig und abenteuerlich, den richtigen Weg zu finden. Da die Einheimischen wenig reisen, kennen sie meist nur die nähere Umgebung und den Weg zur Arbeit. Fragt man nun einen Sri-Lanker nach dem Weg, sieht man es sofort an seinem Gesichtsausdruck, dass er keine Ahnung hat bzw. den gesuchten Ort noch nie in seinem Leben gehört hat. Da es seine Erziehung verbietet, einfach „nein" zu sagen, wird er ein längeres Gespräch beginnen, an dessen Ende man so klug ist wie vorher.

Irgendwann soll die erste Autobahn eröffnet werden – zwischen Colombo und Matara, ganz im Süden der Insel. Der Bau verläuft jedoch nicht dem Zeitplan entsprechend und es gibt teilweise Baumängel, die sogar zwei Brücken kurz nach Fertigstellung einstürzen ließen.

Autobahnbaustelle bei Ambalangoda

Die Zukunft wird es weisen, wie sich die Sri-Lanker auf die neue Straße und das neue Tempo einstellen können.

Galle

Das letzte Kapitel möchte ich meiner absoluten Lieblingsstadt auf Sri Lanka widmen: GALLE. Bereits um Christi Geburt war hier ein belebter Hafen und Handelsplatz. Schiffe aus China, Arabien, Persien legten hier an, aber auch Griechen, Römer und Phönizier waren gern gesehene Handelspartner.

Das Wort Galle stammt ursprünglich aus der singhalesischen Sprache, in der Gala Fels bzw. Stein bedeutet. Als im 16. Jahrhundert die Portugiesen Galle eroberten, tauften Sie es in Gallo (Hahn) um, auch heute noch ziert der Hahn das Wappen der Stadt.

Galle ist wunderbar per Bahn oder über das öffentliche Busnetz zu erreichen. Zug- und Busbahnhof befinden sich inmitten der Neustadt und von dort

Fischereihafen in Galle

aus gibt es gute Möglichkeiten zum Shoppen. Bei der Preisgestaltung der Verkäufer ist Vorsicht geboten, weiße Hautfarbe erhöht den Preis um etwa das Dreifache.

Als Otto Normalverbraucher hat man keinen Zugang zum Hafen, dieser ist zur Landseite hin total abgeschirmt. Nur als der Tsunami die Einfriedungsmauern niederriss, konnte man einen Blick auf die Anlagen werfen. Nach dem Tsunami wurde sofort wieder alles neu aufgebaut und abgeschottet.

Nur den kleinen Fischerhafen kann man besichtigen, dieser liegt am Südeingang zum Galle Fort und auch hier herrscht immer geschäftiges Treiben. Morgens kommen die Fischer mit – hoffentlich – reichem Fang vom Meer zurück und mittags die LKWs aus dem Binnenland. Die Ladeflächen sind voll mit Eiskisten, in aller Eile werden diese dann mit Fisch befüllt und schon ist der LKW wieder unterwegs ins Landesinnere. Nach dem Tsunami wurde der Fischereihafen großzügig mit schwarzen Granitsteinen gesichert, ein richtiger Wall wurde aufgeschüttet.

Der Weg führt weiter durch das alte Tor, hinein in das Fort und schon fühlt man sich in die Kolonialzeit zurückversetzt.

Gleich hinter dem Tor befindet sich das Gericht, vielbeschäftigte Anwälte, freudestrahlende oder lange Gesichter der Klienten – alles ist hier vertreten.

Marinemuseum in Galle

Fotografieren darf man hier selbstverständlich nicht.

Rechts neben dem Tor, direkt im Gebäude der Fortmauer befindet sich das Marinemuseum der Stadt Galle. Dieses ist auf alle Fälle einen Besuch wert. Liebevoll gestaltete Exponate zeigen das Leben im, vom und um das Meer. Miniatur-Nachbauten alter Schiffe, eine lebensechte Fischereiszene, ein liebevoll gebasteltes Mangroven-Schaubild, Schaukästen mit Muscheln und Fischen und noch vieles mehr ist hier zu sehen. Das Museum wurde vom Tsunami vollständig zerstört und mit niederländischer Hilfe wieder aufgebaut. Selbstverständlich gibt es auch Bilder von der Zerstörungswut des Tsunamis zu sehen.

Wer zu Weihnachten in der Nähe von Galle ist, sollte unbedingt die Ausstellung an der Fortmauer besuchen – die Galle Season. Wunderschöne, gepflegte Oldtimer werden von ihren stolzen Besitzern vorgeführt, das Militär und all seine Einheiten (Marine, Luftwaffe ...) zeigt seine Gerätschaften und rekrutiert nach wie vor Soldaten. Aber auch ganz normale Verkaufsstände bieten ihre Ware an – wie überall auf der Welt. Nur, dass es hier zur Mittagszeit so richtig heiß ist.

Das ganze Fort, alle Häuser, wurden nach dem Tsunami liebevoll renoviert. Es ist nun wirklich ein Genuss, durch die Gassen zu wandern und in den wunderschönen, aber überteuerten Boutiquen zu stöbern.

Nur etwa drei Kilometer südlich von Galle befindet sich der früher sehr bekannte Badeort Unawattuna. Hier gab es vor dem Tsunami ein vorgelagertes Riff und man konnte jederzeit, auch zur Monsunzeit, im Meer baden. Das Riff gibt es nicht mehr und auch der Strand ist durch die Strömung fast völlig verschwunden. Schade darum.

Rechtzeitig zum Sonnenuntergang sollte man jedoch an den Fortmauern sein und den Ausblick genießen. Der Spaziergang wird wahrscheinlich etwas getrübt von übereifrigen, um nicht zu sagen aufdringlichen, Verkäufern, die Klöppelware und alte (?) Münzen an den Mann oder an die Frau bringen wollen. Ein unmissverständliches „Mate eppa, Sali nee" – „Mich nicht, kein Geld" bringt die Verkäufer wegen der singhalesischen Sprachkenntnisse zum Staunen und hoffentlich auch zum Schweigen.

Ein kühles Bier auf der Terrasse des Rampart-Hotels beschließt einen wundervollen Tag in Galle und auch unsere Reise durch Sri Lanka.

Budusaranai – Buddha schütze Dich!

Danksagung

In diesem Buch schildere ich meine Reiseerfahrungen, wie ich sie erlebte bzw. empfand. Mag sein, dass ich im Rückblick eventuell zu kritisch bin oder auch einiges durch die rosarote Brille sehe.
Die Geschichten über die Historie, Land und Leute erzählte mir Asoka. Laufend bewunderte ich ihn, welche historischen Daten und Namen einfach seinem Gedächtnis entsprangen und wie abrufbereit sein Schulwissen noch immer ist. Eine Überprüfung auf Wahrheitsgehalt haben wir bewusst unterlassen, es sind Geschichten, Legenden ...

Bedanken möchte ich mir vorerst bei Helga Nakel, die auf die Idee kam, dass Asoka und ich ein Buch über Sri Lanka schreiben könnten.
Danke auch an Barbara Ewald, die das Bild für die Rückseite des Buches fotografiert hat.
Danke auch an Rupa und seine Crew vom Gästehaus „Little Paradise" in Bentota, die mich während meiner „Schreibarbeiten" immer unterstützten und so manche besondere Idee hatten.
Ebenfalls danke an Catharina Scharf und Hr. Maxlmoser vom Verlag Edition Innsalz für das Lektorat.
Ein besonderer Dank gebührt Petra Plamberger und Manfred Steinkogler. Die Beiden wurden nie müde, die Texte immer und immer wieder gegenzulesen und opferten sogar ihre freie Zeit während der Weihnachtstage.

Weiters möchte ich mich für Fotos bedanken, die mir zur Verfügung gestellt worden sind:
Harsha Sadaruwan Bandara
Annette Lipski
Asoka und Padmi Uhanovita

Ohne euch wäre dieses Buch nie entstanden – bohume stuti – vielen Dank!